国風のみやび

国体の明徴と天業の恢弘

荒岩宏奨

展転社

はじめに

賀茂眞淵や本居宣長ら古学者（国学者）は、いにしへびとの心――やまとだましひとは何かをつきつめるために、からごころ、ほとけごころを削ぎ落とすことが必要だと考へて、それを実践した。賀茂眞淵は『万葉集』からいにしへびとの心を読み解かうとし、宣長はその眞淵の業績を受け継いで『古事記』をほぼ解読した。その功績により、我々は『古事記』を読み、気軽にいにしへびとの心に触れることができるやうになつた。

私が右翼民族派として活動をはじめた当初、街頭で活動してゐる愛国陣営は右翼団体がほとんどだつたが、最近は多種多様な愛国陣営の組織が街頭活動を活発に展開してをり、彼らの多くは反中共、嫌韓感情を強く持つてゐる。しかし、表面的な「反《アンチ》」の主張を押し出すばかりで、日本を深く見つめるといふ意識はあまり見られず、古学者たちとは手段と目的が本末転倒になつてゐるのではないかと感じることが多い。彼らなりの国家観を持つてゐると感じることはあるのだが、その国家観は西洋における近代国家概念――つまり主権国家や国民国家といふ概念での国家観であり、わが国本来の国家概念についてはその存在すら認知してゐないやうに思ふ。現代の日本では、愛国陣営でさへも西洋近代に毒されてゐるのだ。

街頭で活発に活動する愛国陣営を多く見かけるやうになつたことはとても喜ばしく思ふのだが、このやうな状況なので国体明徴の重要性はますます高まつてゐると感じてゐる。そして、西洋近代の呪縛から解き放ち、日本への回帰を促さなくてはならない。

そこで街宣だけでなく、国体明徴や国風恢弘のために機関誌紙への投稿や講演なども行ってきた。

拙稿、または講演録は、四宮正貴氏が責任編集をしてゐる季刊のオピニオン誌『伝統と革新』（たちばな出版）、不二歌道会の機関誌『不二』、日本国体学会の機関誌『国体文化』、呉竹会の機関紙「青年運動」、特定非営利活動法人日本人権擁護協会の機関紙「月刊ＪＩＮＫＥＮ」に掲載していただき、本書はそれらに加筆修正を加へてまとめたものである。

本書が国体の明徴と国風の恢弘を促し、戦後体制を打倒し、西洋近代の呪縛からも解き放たれ、真姿日本を恢復するための一助になれば幸ひである。

平成二十七年十月十七日　神嘗祭の佳日

著者

目次

国風《くにぶり》のみやび——国体の明徴と天業の恢弘

第三章　「死ね」といふ声聞く彼方――かたくなにみやびたるひと蓮田善明

第四章　皇神の道義は言霊の風雅に現はれる

第五章　国語による国風の守護

カバーデザイン　古村奈々＋Zapping Studio

凡例

・古事記の引用文は『日本古典文學大系』(岩波書店)に依拠した。
・日本書紀の引用文は『日本古典文學大系』(岩波書店)に依拠した。
・保田與重郎の引用文は『保田與重郎全集』(講談社)に依拠した。
・蓮田善明の引用文は『蓮田善明全集』(島津書房)に依拠した。
・本居宣長の引用文は『本居宣長全集』(筑摩書房)に依拠した。
・二行割注は本書では【 】で囲んだ。

第一章　神々が定め給ひし国体と臣民の道——天孫降臨時の神勅と役割

それぞれの国体観

国体とは何かといふ定義は国体論者たちの間でもいまだに定まつてをらず、語る人によつてさまざまな国体観があり、三島由紀夫は次のやうに指摘してゐる。

> そして國體とは？　私は當時の國體論のいくつかに目をとほしたが、曖昧模糊としてつかみがたく、北一輝の國體論否定にもそれなりの理由があるのを知りつつ、一方、「國體」そのものは、誰の心にも、明々白々炳乎《へいこ》として在つた、といふ逆説的現象に興味を抱いた。思ふに、一億國民の心の一つ一つに國體があり、國體は一億種あるのである。（『三島由紀夫全集32』「二・二六事件と私」、新潮社）

三島由紀夫は、さまざまな国体論に目を通したが、国体ははつきりとせず摑みがたいとしてゐる。そして、一億国民の心の一つ一つに国体があり、国体は一億種あると記してゐる。たしかに人それぞれの国体論があるのは事実で、一億人の国民が存在すれば一億の国体論があるのかもしれない。しかし、一億の国体論があるから一億の国体があるといふわけではない。吉本隆明は国家を「共同幻想」と表現したが、もし一億の国体があるのならば、日本といふ国家は共同の幻想ですらもありえない。個々の幻想があるだけになつてしまふ。しかし、他国や他民族がどうかは知らないが、わが民族における国家とは個々の幻想でも共同の幻想でもなく、実体である。三島は次のやうに続けてゐる。

軍人には軍人の國體があり、それが軍人精神と呼ばれ、二・二六事件蹶起將校の「國體」とは、この軍人精神の純粋培養されたものであつた。そして、萬世一系の天皇は同時に八百萬《やほよろづ》の神を兼ねさせたまひ、上御一人のお姿は一億人の相ことなるお姿を現じ、一にして多、多にして一、……しかも誰の目にも明々白々のものだつたのである。（同）

三島は二・二六事件蹶起将校の国体とは国体そのものではなく、軍人の国体の培養されたものであると指摘してゐる。すると、三島がいふ一億種ある国体も国体そのものではなく、国体から生まれてきたもの、または国体から育つてきたものである。私はこのやうに国体から生まれてきたもの、育つてきたものについては、国体と表現するのではなく、国風《くにぶり》と表現する方が適切だと思つてゐる。

三島は一則多、多則一の思想でさまざまな国体論を一つに結束させ、明らかにしようとしてゐる。やはり三島も国体論が一億種あるから、国体が一億あるといふことには納得できなかつたのかもしれない。三島は一億ある国体論の本質を天皇に結集させてゐる。私の考へる国体とは、三島がいふ「多にして一」の「一」にあたる部分であり、それが天皇であるといふことは誰の目にも明々白々であることは三島がすでに指摘してゐる通りである。したがつて、天皇が天皇たる根拠を探ることにより、国体を明徴にできると考へるのだ。

天皇が天皇たる根拠は神勅によることとよさしであらう。私は国体とは神代の時代に高天原において天津神々がお定めになられたものであり、さらにそれが葦原中国において実現したのは神武天皇の御代であると考へてゐる。神武天皇の御代に実現したからこそ、高天原から葦原中国に降臨した邇邇藝命《ににぎのみこと》が初代天皇ではなく、神倭伊波禮毘古命《かむやまといはれびこのみこと》こそが「はつくにしらすすめらみこと」と称へられる初代天皇なのだ。皇位継承の儀式である即位の礼や大嘗祭では、天孫降臨や鳥見山の大祭を再現した儀式が執り行はれる。よつて、国体を考へるときには天孫降臨の神勅と神武天皇がご親祭あそばされた鳥見山の大祭を検証することが最重要である。そして、天孫降臨のときに定められた臣民の道もあると考へてゐる。そこで、天孫降臨の神話から国体と臣民の道を探つていきたい。

天津神々の神勅

まづは『古事記』を見ていかう。大国主神の国造りの物語が終はると、場面は高天原に戻る。そして次のやうに記されてゐる。

天照大御神の命《みこと》以《も》ちて、「豐葦原《とよあしはら》之《の》千《ち》秋長《あきのなが》五《い》百《ほ》秋《あき》之《の》水穂《みづほの》國は、我が御子、正勝吾勝勝速《まさかつあかつかちはや》日《ひ》天忍《あめのおし》穂《ほ》耳《みみの》命の知らす國ぞ。」と言因《ことよ》さしたまひて、天降《あまくだ》したまひき。（『古事記』「上巻」）

天照大御神は、日本は御子である天忍穂耳命が統治する国であるとおほせになられてゐる。そして、統治する国はみづみづしい稲が育つ国であることが、水穂の国といふ国号から推測できる。わが国は稲が最重要であることはよく知られてゐる。本居宣長は水穂の国といふ国号について次のやうに説明してゐる。

さて水穂國《ノ》と云號《ナ》も、此《ノ》齋庭之《ユニハノ》穂《ホ》に由縁《ヨシ》あることなり、猶下の登由宇氣《トヨウケノ》神の處に委く云べし、【そも〱皇御國《スメラミクニ》は、萬《ヅ》の物も事も、異國々《アダシクニグニ》より優《マサ》れる中にも、稲は殊に、今に至るまで萬國《ノ》にすぐれて美《メデタ》きは、神代より深き所由《ユヱ》あることぞ、今世《ノ》諸人《モロビト》、かゝるめでたき御國に生れて、かゝるめでたき稲穂を、朝暮《アケクレ》に賜《タ》ばりながら、皇神の恩頼《ミタマ》をば思ひ奉《マツ》らで、よしなき漢國のことをのみおもひあつかふは、いかにぞも、】さて上に千秋長《ノ》五百秋と云も、此《ノ》水穂に係《カケ》たる祝辭《ホギコト》にて、【秋と云も、穂にかゝれるゆゑなり、】長く久しく、御子《ミコノ》命の此《ノ》水穂を所聞食《キコシメス》べき國、と云意以て名けたる國號《クニノナ》なること、彼《ノ》大嘗祭《ノ》祝詞《ノリト》に、此《ノ》同祝辭《ジホギコト》を、御孫《ミマノ》命の大嘗聞食《オホニヘキコシメ》すことに係《カケ》て云るにても知《ル》べし、（本居宣長『古事記傳』「神代十一之巻」）

本居宣長は、日本の稲は神代から伝へられたものであり、外国よりも優れてゐるとしてゐる。さらに、わが国の国号が水穂の国であり、千秋長五百秋といふ祝辞があるのは、天照大御神の御子であられる天忍穂耳命が長く久しく稲穂をお育てになり統治なさる国といふ意味があると述べてゐる。つまり、『古事記』のこの神勅は、『日本書紀』に出てくる天壌無窮の神勅と斎庭の穂の神勅の二つの神勅の意味を兼ね備へた神勅であると理解していいだらう。

さて、天照大御神から神勅を賜つた天忍穂耳命は、地上に天降りしようと天の浮橋にまでお出ましになる。しかし、そこで地上は騒々しいといふことをお知りになられ高天原に戻り、そのことを天照大御神にご報告なさつた。すると天照大御神と高御産巣日神が八百万の神々を天の安の河の河原に集めて、思金神が次のやうにのり給うた。

此の葦原の《の》中國《つ》は、我が御子の知らす國と言依《ことよ》さし賜へりし國なり。(『古事記』「上巻」)

日本は天照大御神が御子に統治することをお任せになつた国であることを、思金神を通じて八百万の神々にもお知らせになられてゐる。先ほどの神勅と同じ意味だ。この後、地上を平定する物語があり、大国主神が国譲りをする。そして、再び天忍穂耳命を降臨させようとしたところ、天忍穂耳命の御子である邇邇藝命がお生まれになつたので、天照大御神と高木神(高御産巣日神)は邇邇藝命を降臨させることになさつた。そのときに次のおことばをおほせになられた。

「此の豊葦原《の》水穂《の》國は、汝《いまし》知らさむ國ぞと言依さし賜ふ。故、命の隨に天降るべし。」（前掲書「上巻」）

これは天照大御神と高木神のおことばではなく、太子《ひつぎのみこ》であつた天忍穂耳命が邇邇藝命にのり給うたおことばだ。「この豊葦原水穂国は、汝知らさむ国ぞ」とことよさしをなさつたのは天照大御神である。これまでの神勅では天忍穂耳命が知らす国であるといふことよさしだつたのだが、ここでは邇邇藝命の知らす国であるといふことよさしに変化してゐる。このことにより、日本は天忍穂耳命が知らして一代限りといふわけではなく、その子孫も知らす国であることがわかる。わが国体はこれらの神勅により定められたのだ。したがつて、わが国においての国体とは、天忍穂耳命の子孫である天皇が知ろしめすといふことである。これらの神勅を条文化したものが、大日本帝国憲法の第一条の「大日本帝国ハ万世一系ノ天皇之ヲ統治ス」であり、よつて大日本帝国第一条は国体条項である。

大日本帝国憲法では「統治ス」と表現されてゐるやうに、知らすとは統治するといふ意味である。そして大日本帝国憲法第一条の「統治ス」については、知らすとうしはくといふ統治方法があり、他国の統治方法はうしはくだが、天皇統治は知らすであると対比して説明されることが多い。統治方法にその二種類があることは示されるのだが、知らすとうしはくの具体的な統治方法の説明はされないことがほとんどである。本居宣長は知らすを次のやうに説明してゐる。

○夜之食國《ヨルノヲスクニ》、まづ食國《ヲスクニ》とは、御孫命《ミマノ》の所知看《シロシメス》この天下《ノ》を惣云稱《スベイフナ》にして、食《ヲス》は、もと物を食《クフ》ことなり、【書紀などに、食を美袁志須《ミヲシス》とよみ、食物を袁志物《ヲシモノ》と云、萬葉十二に、ヲシと云辭にも、食字《ノ》を借りて書り、】さて物を見《ミル》も聞《キク》も知《シル》も食《クフ》も、みな他物《ホカノモノ》を身に受入《ウケイ》るゝ意同じき故に、見《ミス》とも聞《キコス》とも知《シラス》とも食《ヲス》とも、相通《ヒ》はして云こと多くして、【その例は此次に見ゆ、】君の御國を治め有《タモ》ち坐《ス》をも、知《シラス》とも食《ヲス》とも、【から國に食邑と云ことありて、幾《イク》千戸を食《ハム》などいふも、自《オ》ら意のあへるなり、】聞看《キコシメス》とも申すなり、これ君の御國治め有坐《タモチス》は、物を見《ル》が如く、聞《ク》が如く、知《ル》が如く、食《ヲス》が如く、御身に受《ケ》入れ有《タモ》つ意あればなり。此次に所知看《シロシメス》とあるも、知見《シリミル》と云ことにて同意《ジ》なり。【其由は下十七《ノ》ひらに云り、又傳四の十八葉にいへる事をも、考合《ヘ》すべし、】又萬葉五【七丁】に、大王《オホキミ》云々企許斯遠周《キコシヲス》、久爾能《クニノ》云々、又十八【十八丁】に高御座《タカミクラ》、安麻能日繼登《アマノヒツギト》、須賣呂伎能《スメロギノ》、可《カ》未能美許登能《ミノミコトノ》、伎己之乎須《キコシヲス》、久爾能麻保良爾《クニノマホラニ》云々、又廿【二十五丁】に、伎己之米須《キコシメス》、四方乃久爾《ヨモノクニ》云々、この伎己之乎須《キコシヲス》も伎己之米須《キコシメス》も、即知看《チシロシメス》と云《フ》と全く同意なるを以て、知《シル》と聞《キク》と看《ミル》と食《ヲス》と皆通はして、【物食《クフ》を聞食《キコシメス》といふも、同く通はして云なり、】國を治有《ヲサメタモ》ちたまふことに云るを暁《サト》るべし、【これにて所知《シラス》の義も自《オ》ら明けし、】（本居宣長『古事記傳』「神代五之巻」）

見たり、聞いたり、知つたり、食べたりすることは、すべて何かを身に受け入れるといふ点では同じ意味がある。天皇が統治するといふことの具体的な実態は、天皇がその土地の人や出来事や状態などをご覧になつたり、お聞きになつたりして知るといふこと、またはその土地で生産した食べ物を召しあがるといふこと。すなはち、物や情報を御身に受け入れられるといふことなのである。よつて、御身に受け入れることも国を統治することも「をさめる」といふのだらう。

平安時代の朝廷では、天皇が朝起きてなさる最初のお仕事は天照大御神が坐します伊勢の神宮の方を向ひて清涼殿の石灰檀でお祈りを捧げることであり、その次のお仕事が石灰檀の横に置かれた食卓で食事を召しあがることであつた。食事を召しあがることも重要なお仕事なのだ。食事には統治してゐるさまざまな土地で収穫した料理が三十皿ほど並べられてゐた。それらを召し上げることで、その土地土地で収穫した食べ物を陛下の御身に取り入れるといふ意味がある。それがその土地を統治してゐるといふ証になるのだ。わが国を食国《をすくに》と呼ぶこともある。まさに、土地からとれた食事をすることによつて統治してゐるのだ。物や情報を御身にお受け入れになるといふことが天皇の統治方法であり、知らすといふことである。陛下の国見や行幸なども、知らすための重要な手段なのだ。わが国が仏教や儒教などといった外国の文化を取り入れることができたのは、このやうに受け入れるといふ統治方法だつたからといへるだらう。

ちなみに、「うしはく」の意味も確認しておかう。

○宇志波祁流《ウシハケル》は、主《ウシ》として其處《ノ》を我物《ワガモノ》と領居《シリヲ》るを云、但《シ》天皇の天下《ノ》所知食《シロシメス》ことなどを、宇志波伎坐《ウシハキマス》と申せる例は、さらに無《ナ》ければ、似たることながら、所知食《シロシメス》などと云とは、差別《タガヒ》あることと聞えたり、言《コト》の意は、【師は、主張《ウシハク》なり、古言に振《フル》を布久《フク》とも云る如く、流《ル》を久《ク》と云ことあれば、張《ハル》を波久《ハク》と云なりと云れき、是《レ》もさることなれど、猶張《ハル》を波久《ハク》と云る例なければいかゞ、】波久《ハク》は佩《ハク》レ刀《タチヲ》著《ハク》レ沓《クツヲ》などの波久《ハク》と同くて、身に著《ツケ》て持《モツ》意ならむか、【取《トル》とは、もと手に持《ツ》ことなるに今世《ノ》に、國所を領ずるを、其處《ソコ》を取る、幾《イク》萬石取《ル》など云も、此《ココ》の波久《ハク》と意通へり、】猶考ふべし、（前掲書「神代十二之巻」）

うしはくも知らすと同じやうに統治を指す語ではあるが、知らすとは統治方法が異なる。天皇の統治方法は知らすであり、うしはくではない。知らすは身に受け入れるといふ統治方法なのだが、うしはくは主《あるじ》が身に着けて持つといふ統治方法で、わがものとして支配するといふ意味である。わが国は天皇が知ろしめす国であり、うしはく国ではないといふことは、葦原中国の平定の物語に大国主の神に問うた天鳥船神と建御雷神の言葉によつて明確に示されてゐる。

「天照大御神、高木《の》神の命《みこと》以《も》ちて、問ひに使はせり。汝《いまし》が宇志波祁流《うしはける》【此の五字は音を以ゐよ。】葦原《の》中《つ》國は、我が御子の知らす國ぞと言依《ことよ》さし賜ひき。故《かれ》、汝が心は奈何《いか》に。」

とのりたまひき。（『古事記』「上巻」）

当時の葦原中国は国造りをした大国主神がうしはいて統治してゐたのだが、天皇が知らして統治する国であるとしてをり、うしはくと知らすを明確に区別してゐる。この神勅を受けて、国譲りが行はれる。

領ずるといふことがうしはくといふ統治方法であるとするならば、わが国土を領土と呼ぶべきではない。領土とは土地を領有する、土地をわが物として支配することであり、その統治はうしはくといふ方法だからである。

わが建國の精神に於ては、國は支配でなく生活であつた。國土は領土ではなく生産生活の様式であつた。國家は權力でなく、道徳であつた。その生活は又道徳の實體だつたのである。さういふ「生活」を以て、國の根基とした。その生活の源流に於て、我々は神話を傳承し、これを歌ふ代々の詩人を持つた。又神話の源流は現實の國の中心として、血脈の本流として、われ〳〵の歴史の記憶を超える以前より今日に及んでつゞいてゐる。わが天皇の御存在である。（保田與重郎『述史新論』「諸言並に序説」）

保田與重郎はわが国土は領土ではないとしてゐる。知らすとうしはくを明確に区別してゐるのだ。さらに、わが国は西洋の近代国家や主権国家とは異なることを明らかにしてゐる。わが国における国家とは道徳であり、生産生活の様式なのである。西洋概念の国家では統治のために政府などの権力機関が必要となるが、わが国は権力機構など必要としない。朝廷は権力機関ではない。そして、わが国が西洋の国家と異なる理由は、やはり歴史以前の神話の時代から連綿と続いてゐる天皇のご存在ゆゑである。

　わが国は権力者や権力機構がうしはいて統治するのではなく、天皇が知ろしめして統治する国である。それは神代に天津神によつて決定された。現在は、日本政府がうしはく領土は存在するかもしれないし、政治用語として領土といふ言葉を使用することがあるかもしれないが、その場合も領土といふ言葉は天皇の知ろしめす国土とは異なるといふことを意識的に明確な区別をして使用するべきである。

　また、ことよさしといふ用語も先ほどの『古事記』の三つの神勅の引用すべてに使はれてゐる。ことよさしについても宣長は説明してゐる。

○言依賜也《コトヨサシタマヒキ》、言《コト》は借字にて事なり、卽《チ》事と書る所もあり。若《シ》言の意ならば、御《ミ》言依《コトヨサシ》とあるべきに、何《イヅレ》の書にも御《ミ》と云るはなし、依《ヨサス》は、因《ヨサス》とも寄《ヨサス》とも所寄《ヨサス》とも書て、卽《チ》字の如く與須《ヨス》なるを延《ノベ》て云《フ》言なり、佐須《サス》を切《ツヾム》れば卽須《チス》なり、凡て古語は延《ノベ》ても縮《チヂメ》ても云こと多し、【其例は、次の立《タタス》の所にいふが如し、】然らば與世《ヨセ》を延《ノベ》ては與佐世《ヨサセ》と云べきを、與佐斯《ヨサシ》と訓《ム》はいかにと云に、古《ヘ》は與世《ヨセ》を與斯《ヨシ》とも云るなり、書紀《ノ》神代《ノ》巻の歌に、妹盧豫嗣爾《メロヨシニ》、豫嗣豫利據禰《ヨシヨリコネ》【此歌、上は網《アミ》のことを序に云て、その網の目《メ》を引依《ヒキヨス》れば依《ヨリ》くる如く、依り來《コ》よと詠るなり、註ども痛《イタ》く誤れり、】とあるは、目依《メロヨセ》に依々來《ヨセヨリコ》ねと云ことなり、又萬葉十四【十九丁】に、都麻余之許西禰《ツマヨシコセネ》とよめるも、妻依令來《ツマヨセコセ》ねなり、此外もあり、さて與佐斯《ヨサシ》と訓《ム》たしかなる證は、聖武紀《ノ》詔に、吾孫將知食國天下止《アガミマノシロサムヲスクニノアメノシタト》、與佐斯奉志麻爾麻爾《ヨサシマツリシマニマニ》とあり、佐《サ》を清《スミ》て誦《ヨム》べきことは、與須《ヨス》の延《ノビ》たる言なるを以て知べし、【今人《ノ》多く濁るはひがことなり、】さて與佐須《ヨサス》とは、任《ノ》字をも書て、事《コト》を其人《ノ》に依任《ヨセマカセ》て、執行《トリオコナ》はしむる意なり、光仁天皇の、藤原永手大臣《ノナガテノオホキミ》の薨《ミマカラ》れしを悼《イタミ》坐る大命《オホミコト》に、大政官之政乎波《ヲバ》、誰任之《タレニヨサシ》加母罷伊麻須《カモマカリイマス》、と詔《ノタマ》へるも、誰《タレ》に任《マカ》せ置《オキ》て見罷坐《ミマカリマス》ぞとなり、又封字《ノ》を訓《ム》も、其國の政を其人に依任《ヨセマカ》す意なり、言依《コトヨサス》てふ語《コトバ》は、此巻の下にも、續日本紀《ノ》宣命式祝詞《ノノリト》などにも、あまた見えて、皆同じ意なり、書紀には勅任《コトヨサス》ともあり、又應神《ノ》御巻に、任《コトヨサシテ》二大山守《ノ》命《ニ》一、令《ム》レ掌《ラ》二山川林野《ヲ》一などもあり、（本居宣長『古事記傳』「神代二之巻」）

ことよさしの「こと」とは「言」といふ字を使つてゐるが、「事」のことであるとしてゐる。そして、「よさす」といふ言葉の意味は任せるといふことであり、事を任せる、何かを任せるといふのがことよさすの意味である。つまり、天照大御神は子孫に日本を統治するやうにとお任せになられたといふことである。

天皇統治と祭祀

宣長は「千秋長五百秋の水穂の国」といふ国号から、天皇の統治と稲の関係を論じてゐるが、『古事記』の神勅だけでは稲との関係性はそこまではつきりとしてゐない。『日本書紀』では『古事記』には記されてゐない神勅が記されてをり、宣長も『日本書紀』の神勅があつたから天皇の統治と稲の関係を論じることができたのではないだらうか。そこで、『日本書紀』に記されてゐる天孫降臨のときの神勅を確認しておきたい。天孫降臨のときの神勅は三大神勅とか五大神勅とかと呼ばれてをり、それは『日本書紀』に書かれてゐる神勅のことを指してゐる。この神勅からは、天皇統治と祭祀の関係性が見えてくる。

『日本書紀』の本文には天孫降臨のときの神勅は記されてゐない。神勅が記されてゐるのは「一書に曰はく」の部分であり、その一書も複数あるのだが、ここでは一般的に三大神勅とか五大神勅として知られてゐる箇所を取り上げることとする。

皇孫に勅《みことのり》して曰《のたま》はく、「葦原の千五百秋《ちいほあき》の瑞穂《みつほ》の國は、是《これ》、吾が子孫《うみのこ》の王《きみ》たるべき地《くに》なり。爾皇孫《いましすめみま》、就《い》でまして治《しら》せ。行矣《さきくませ》。寶祚《あまのひつぎ》の隆《さか》えまさむこと、當《まさ》に天壤《あめつち》と窮《きはま》り無《な》けむ」とのたまふ。（『日本書紀』「神代下　第九段」）

天壤無窮の神勅といはれる神勅である。天照大神から瓊瓊杵尊《ににぎのみこと》への神勅であり、『古事記』にも記されてゐるやうに、日本は天照大神の子孫が統治する国であるとおほせになられた。そして、その日本は天地とともに栄えていくのだともおつしやられてゐる。この天壤無窮の神勅は一番目の「一書《あるふみ》に曰はく」に記されてをり、『古事記』の神勅と同じ内容である。そして、天壤無窮の神勅を除く四つの神勅は、二番目の「一書に曰はく」にまとめて出てくるので、その箇所を見てみよう。

高皇産靈尊、因《よ》りて勅《みことのり》して曰《のたま》はく、「吾は天津神籬《あまつひもろぎ》及《およ》び天津磐境《あまついはさか》を起し樹《た》てて、當《まさ》に吾《すめ》孫《みま》の爲《ため》に齋《いは》ひ奉《まつ》らむ。汝《いまし》、天兒屋命・太玉命は、天津神籬を持《たも》ちて、葦原中國《あしはらのなかつくに》に降《くだ》りて、亦吾孫《またすめみま》の爲に齋ひ奉れ」とのたまふ。乃ち二《ふたはしら》の神を使《つかは》して、天忍穂耳尊《あまのおしほみみのみこと》に陪從《そ》へて降《あまくだ》す。

是《こ》の時《とき》に、天照大神《あまてらすおほみかみ》、手《みて》に寶鏡《たからのかがみ》を持《も》ちたまひて、天忍穂耳尊に授《さづ》けて、祝《ほ》きて曰《のたま》はく、「吾《わ》が兒《こ》、此の寶鏡を視《み》まさむこと、當に吾を視るがごとくすべし。與《とも》に床《ゆか》を同《おな》くし殿《おほとの》を共《ひとつ》にして、齋鏡《いはひのかがみ》とすべし」とのたまふ。復天兒屋命《またあまのこやねのみこと》・太玉命《ふとたまのみこと》に勅《みことのり》すらく、「惟《これ》爾《いまし》　二《ふたはしら》の神、亦同《とも》に殿《おほとの》の内《うち》に侍《さぶら》ひて、善《よ》く防　護《ほそきまもること》を爲《な》せ」とのたまふ。又《また》勅して曰《のたま》はく、「吾が高天原《たかまのはら》に所御《きこしめ》す齋庭《ゆには》の穂《いなのほ》を以て、亦吾が兒《みこ》に御《まか》せまつるべし」とのたまふ。（同）

登場した順に天津神籬・磐境の神勅、宝鏡奉斎の神勅、侍殿防護の神勅、斎庭の稲穂の神勅と呼ばれる神勅である。なほ『古事記』では、はじめは天忍穂耳命を天降りさせようとしてゐたのだが、地上を平定して天降りする準備をしてゐる間に邇邇藝命がお生まれになつたので、邇邇藝命が天降りすることになつたのに対して、『日本書紀』本文では瓊瓊杵尊がお生まれになつてから、天照大神は瓊瓊杵尊を王《きみ》とすることをお決めになられてゐるなど、『古事記』と『日本書紀』本文には相違点も多い。さらに、二番目の「一書」では、『古事記』と同じやうに天忍穂耳命を天降りさせようと、天忍穂耳命に神勅を述べ給うてをられる。

宝鏡奉斎の神勅は天忍穂耳命への神勅である。斎庭の穂の神勅は天児屋命と太玉命への神勅なのだが、「亦吾が児に御せまつるべし」とあるので、稲をことよさされたのは天忍穂耳命である。天壌無窮の神勅、宝鏡奉斎の神勅、斎庭の穂の神勅の三つの神勅は三大神勅と呼ばれてをり、これらは天忍穂耳命と瓊瓊杵尊へのことよさしである。天忍穂耳命へのことよさしは降臨のときにはそのまま瓊瓊杵尊へ継承されてをり、ここに皇位継承の原点を見ることができ、三大神勅は瓊瓊杵尊へのことよさしの神勅と捉へることができる。

天壌無窮の神勅は、日本は皇孫《すめみま》が統治する国であることを示してゐる。そして、宝鏡奉斎の神勅と斎庭の稲穂の神勅によつて、具体的にどのやうに統治するのか、どのやうに知らすのかが示されてゐる。すなはち、日本は皇孫である天皇が天照大御神から任せられた稲穂を育て、そしてお祭りを斎行することによつて統治するといふことである。

私は、神勅によつて定められたこの天皇統治が国体であると考へてゐる。ただし、どこまでが国体なのかについては判断できない。一番狭い範囲では天壌無窮の神勅によることよさしのみが国体であるといふ判断である。それは、『古事記』に何度も登場する神勅にあたるのが、『日本書紀』のこの天壌無窮の神勅だからだ。しかし、本居宣長が『古事記』の神勅の「水穂国」といふ語から皇孫に稲がことよさされてゐることを述べてをり、さらに天孫降臨のときには三種の神器である鏡と勾玉と剣を添へて、宝鏡奉斎の神勅にあたる神勅が『古事記』にも記されてゐることを考へれば、斎庭の神勅と宝鏡奉斎の神勅によることよさしも国体を述べ給うた神勅であり、天皇による具体的な統治形態までが国体だと判断することも可能である。すなはち、三大神勅によることよさしまでが国体であるといふ判断だ。さらに、天孫降臨のときには天児屋命と太玉命も神勅を賜つてゐるので、天津神籬・磐境の神勅と侍殿防護の神勅までを含めた五大神勅までが国体と判断することもできる。私は『古事記』『日本書紀』両書に記されてゐるといふことから、三大神勅までを国体と考へるのが一番適切ではないかと思つてゐる。

『小倉百人一首』の巻頭は天智天皇の御製「秋の田の仮庵の庵の苫をあらみわが衣手は露にぬれつつ」である。藤原定家はこの御製を一首目に配置することにより、わが国体を明徴にしてゐる。今年（平成二十七年）の歌会始の御製は「夕やみのせまる田に入り稔りたる稲の根本に鎌をあてがふ」であつた。もし私が現代百人一首を選ぶならば、国体明徴のために今上陛下のこの御製を一首目に配置する。お育てになられた稲は神嘗祭、新嘗祭に奉られるので、まさに斎庭の神勅と宝鏡奉斎の神勅によることよさしは現在も実行されてをり、天壌無窮の神勅も顕現されてゐる。

人それぞれの国体観、国体論があるだけでなく、一人のなかにもいくつもの国体観、国体論が存在する。これが、国体とは何かといふ定義を決定することができない原因の一つとなつてゐるのであらう。現在の国体論の多くは、国体から培養されたものをも含んで国体としてしまつてゐる。したがつて、三島由紀夫が指摘してゐるやうに、さらに曖昧模糊となつてしまつてゐるのだ。

皇孫とともに降臨した神々

ここまでは天皇統治について考へてきた。次は臣民の道について考へていかう。

天津神籬・磐境の神勅と侍殿防護の神勅は、神々が定め給うた臣民の道であると考へる。

天津神籬・磐境の神勅は高皇産霊尊が天児屋命と太玉命にのり給うた神勅である。高天原では高皇産霊尊が御自ら皇孫のために磐境に神籬を樹《た》ててお祭りするので、地上でも神籬を樹てて皇孫のためにお祭りを斎行するやうにとおつしやられてをられる。瓊瓊杵尊は斎庭の穂の神勅によつて、高天原と同じやうに稲を育てることをことよさされ、宝鏡奉斎の神勅によつてお祭りを斎行することをことよさされた。天児屋命と太玉命も、やはり高天原と同じやうに、天皇陛下のためにお祭りを斎行することをことよさされてゐる。このことから、天孫降臨の大きな目的の一つは、高天原の神々と同じ生活を地上で実現することだと推測することができる。それが実現したのは神武天皇の御代である。

天津神籬・磐境の神勅と侍殿防護の神勅にあたる神勅は『古事記』には記されてゐない。本居宣長も『古事記傳』では触れてゐないので、今回は吉川従長《よりなが》の「神籬磐境之大事」で神勅の重要性を確認する。吉川従長は「天津神籬」を次のやうに説明してゐる。

天津神籬ハ、天ハ称美ノ詞、津ハ助語、ヒハ陽徳即チ日也、キハ敷《シク》也、日ヲ守リシク心、日用ハ唯《タヾ》日ヲ守ル所第一ノ要敷《シク》也。（『日本思想大系39　近世神道論　前期国学』吉川従長「神籬磐境之大事」、岩波書店）

神籬を樹てることには、日をお守りするといふ意味がある。吉川従長は神籬とは天照大御神をお守りする心なのだとしてゐるのだ。垂加神道では「キ」を「木」と解釈してをり、神籬とは日をお守りする木である「日守木」としてゐる。心とするか木とするかの違ひはあるのだが、どちらにしても日の神であられる天照大御神をお守りするといふことである。

天津磐境トハ天津ハ上ニ同ジ、磐境ハ君ヲ守ルコト磐石ノ如ク不動不易ナルトキハ、即又磐石ノ如ク国家不変不動ニ栄フルトノ心也。君ハ日ヲ守リ玉ヒ、臣ハ君ヲ守テ誠ヲ尽ス、誠ノ至極スル所ハ君ヲ以テ本トス。此ノ度天津神籬天津磐境ノ理リヲ起シタテラレ天孫ノ為ニイハヽレマツラルヽト也。天孫ハ瓊々杵尊ニ限ラズ永々御子孫ノ末々ヲ掛テノ玉ヘリ。（同）

磐境とは、磐石に栄えるやうにといふ意味がある。そして、天皇は天照大御神をお守り申し上げ、臣民は天皇をお守り申し上げて誠を尽くすのだとしてゐる。すると、われわれ臣民が神籬を樹ててお祭りを斎行するといふことは、天皇をお守りして磐石な国家を築き上げるためであるといふ意味がある。そして、天皇をお守りするといふことは、天皇が天照大御神をお守り申し上げるのを助けるといふことでもある。すると、天皇をお守りしてお助け申し上げることで、臣民も天照大御神を間接的にお守り申し上げてゐることになる。ここに君民一体があらはれてゐる。さらに、天津神であらせられる高皇産霊尊も高天原で皇孫をお守り申し上げるために神籬を樹てた祭祀を行つてゐることが神勅でのり給はれてゐるので、君民一体であるだけでなく、神と人も一体となつてゐることが、この祭祀によつて実証されてゐるといへよう。君民一体、神人一体は観念ではなく実態である。天皇が祭祀を斎行する根拠は天津神籬・磐境の神勅ではなく、三大神勅の一つである宝鏡奉斎の神勅だ。天照大御神より宝鏡を賜り、この鏡を私だと思つてお祭りしなさいとことよさされてゐることから、天皇の祭祀が天照大御神をお祭りしてゐることは明確である。天津神籬・磐境の神勅からは、天皇陛下をお助けするためにお祭りを斎行することが臣民の道であると考へることができる。

侍殿防護の神勅は、神殿内に仕へてお守りしなさいといふ神勅である。神殿内には天照大御神の魂である宝鏡と天皇陛下がをられる。天照大御神と天皇陛下をお近くでお守りすることも、臣民の道であるといふお教への神勅であらう。

たまにだが、天皇が国民を守つてくださつてゐるのであり、国民が天皇をお守りするのではないといふ意見を保守派から聞くことがある。天皇は国平らかに民安かれと祈られてをられるので、天皇が国民をお守りくださつてゐるのは紛れもない事実であり、この意見に異存はない。しかし、国民が天皇をお守り申し上げるといふことは、天津神籬・磐境の神勅と侍殿防護の神勅によつて与へられた最重要の使命である。よつて、国民が天皇をお守りするのではないといふ意見については、これらの神勅に反するのではないかと思ふ。どちらかが一方的に守るといふのではなく、相互に守り合つてゐると考へる方が適切だ。

次に、皇孫とともに降臨した神々とその役割を見ていく。地上に降臨したのは邇邇藝命だけではない。

爾に天兒屋《あめのこやねの》命、布刀玉《ふとだまの》命、天宇受賣《あめのうずめの》命、伊斯許理度賣《いしこりどめの》命、玉祖《たまのやの》命、并《あは》せて五伴緒《いつとものを》を支《わか》ち加へて、天降したまひき。是《ここ》に其の遠岐斯《をきし》【此の三字は音を以ゐよ。】八尺《やさか》の勾璁《まがたま》、鏡、及草那藝《またくさなぎの》劒、亦常世思金《またとこよのおもひのかねの》神、手力男《たぢからをの》神、天石門別《あめのいはとわけの》神を副《そ》へ賜ひて、詔りたまひしく、「此れの鏡は、専《もは》ら我が御魂《みたま》として、吾が前《まへ》を拜《いつ》くが如伊都岐奉《いつきまつ》れ。次に思金《の》神は、前の事を取り持ちて、政《まつりごと》爲《せ》よ。」とのりたまひき。（『古事記』「上巻」）

天兒屋命、布刀玉命、天宇受賣命、伊斯許理度賣命、玉祖命の五柱の神々は、職業を分掌して天降りされた。また、この五柱の神はそれぞれ順に、中臣連、忌部首、猿女君、作鏡連、玉祖連の祖先であることも『古事記』に記されてゐる。この五柱の神々は、天の石屋戸開きのときに活躍された神々でもある。三種の神器と常世思金神、手力男神、天石門別神も天降りすることになり、三種の神器の一つである鏡を天照大御神の魂としてお祭りすることを仰せつかつた。これは『日本書紀』における宝鏡奉斎の神勅である。さらに思金神については、政治を任されてゐる。三種の神器の前に「遠岐斯」とあるが、これは「招《を》きし」であり、天の石屋戸にお籠もりになられた天照大御神を、石屋戸から招き出したときに使用した道具であるといふことである。

そこで、石屋戸開きのときの五柱の神の役割を確認してみよう。天児屋命と布刀玉命は、占ひをしたり枝に勾璁や鏡をとりつけたり祝詞を奏上したりと、神籬の準備や斎主、祭員のやうな役割を担つてゐる。天宇受賣命は舞を舞ひ、伊斯許理度賣命は鏡を、玉祖命は勾璁をつくつてゐる。そして、石屋戸から天照大御神をお出ましいただくためのすべての段取りを考へたのが思金神であり、天照大御神の手をとつて引つ張り出したのが手力男神である。この天の石屋戸開きが祭祀の原点だとされてゐる。

天孫降臨のときの五大神勅のうち、天壌無窮の神勅を除く四つの神勅が祭祀に関はる神勅である。邇邇藝命とともに降臨された五柱の神々は、天の石屋戸開きでご活躍された神々なので、やはり祭祀に関する神々をお選びになつて、祭祀に関する神々に祭祀に関する神勅をのり給ひ、降臨させたと考へることができる。石屋戸開きは天照大御神の御心を拝察申し上げてゐるだけでは再びお出ましいただくことはできなかつた。天照大御神の御心とは異なるけれども、少し強引にお出ましいただかなければならなかつたのだ。このことを思へば、邇邇藝命とともに降臨する神々は天照大御神を導いた神々であり、お祭りを斎行することによつて邇邇藝命をお導きするといふ役割も与へられたといふことだらう。

この五柱の神々の他にも邇邇藝命をお導きする役割を担つた神々がゐる。降臨を先導したのは天津神ではなく国津神であり、神勅を賜つたから先導したのではない。自ら先導をかつて出てゐる。

爾に日子番能邇邇藝《の》命、天降りまさむとする時に、天《あめ》の八衢《やちまた》に居《ゐ》て、上《かみ》は高天の原を光《てら》し、下《しも》は葦原《の》中《つ》國を光《てら》す神、是《ここ》に有り。故爾に天照大御神、高木神《の》の命以ちて、天《の》宇受賣《の》神に詔りたまひしく、「汝《いまし》は手弱女人《たわやめ》にはあれども、伊牟迦布《いむかふ》神【伊より布までは音を以ゐよ。】と面勝《おもか》つ神なり。故、專《もは》ら汝往きて問はむは、『吾が御子の天降《あも》り爲《す》る道を、誰ぞ加此《かく》て居る。』ととへ。」とのりたまひき。故、問ひ賜ふ時に、答へ白しく、「僕《あ》は國つ神、名は猿田毘古《さるだびこの》神ぞ。出で居る所以《ゆゑ》は、天つ神の御子天降り坐すと聞きつる故《ゆゑ》に、御前《みさき》に仕《つか》へ奉《まつ》らむとして、参向《まゐむか》へ侍《さもら》ふぞ。」とまをしき。（同）

邇邇藝命をはじめとする天津神々が降臨しようとしたとき、天地を照らす神がゐたので、天宇受賣神が誰かと問うた。すると、その神は名を猿田毘古といひ、天津神の御子が天降りするとを聞いたので、先導するためにお迎へに参りましたと答へた。猿田毘古神は国津神であり、天津神ではない。さらに、神勅を賜つたわけではなく、天津神の御子が天降りすると聞いて、先導するために自らの意思で駆けつけたのである。承詔必謹はもちろん大切だが、詔を賜ることがなくても、率先して陛下をお導きして道案内申し上げることも臣民の大切な役割なのではないだらうか。

先導したのは猿田毘古神だけではない。

故爾に天忍日命《あめのおしひの》、天津久米命《あまつくめの》の二人、天の石靫《いはゆぎ》を取り負ひ、頭椎《くぶつち》の太刀《たち》を取り佩《は》き、天の波士弓《はじ》を取り持ち、天の眞鹿兒矢《まかこ》を手挾《たばさ》み、御前《みさき》に立ちて仕へ奉りき。（同）

なほ、石靫とは矢を入れる武具のことである。天忍日命と天津久米命は、弓や太刀などで武装してお守り申し上げながら先導してゐる。そして、この二人の子孫は大伴と久米といふ武門の氏族となる。

天孫降臨の物語からは、天皇陛下のためにお祭りを斎行することによつて天照大御神をお守り申し上げ、さらに天皇陛下をお導きし、お守り申し上げることが、最重要の臣民の道であると考へることができる。

鳥見山の大祭

天孫降臨のときの神勅で国体が定められ、それが実現したのは神武天皇の御代であると考へてゐるといふことは先述した通りである。そこで、次に神武天皇の御代を確認していきたい。邇邇藝命とともに降臨なされた神々、特に神勅でことよさされた天児屋命と太玉命の子孫は、神武天皇の御代に重要な役割を果たしてゐる。それは大嘗祭の起源とされる鳥見山の大祭のときだ。『古事記』には鳥見山の大祭のことは記されてゐない。『日本書紀』には次のやうにごく簡単に記されてゐるだけである。

四年の春二月の壬戌《みづのえいぬ》の朔甲申《きのえさるのひ》（二十三日）に、詔《ことよさ》して曰《のたま》はく、「我《わ》が皇祖《みおや》の靈《みたま》、天《あめ》より降《くだ》り鑒《み》て、朕《わ》が躬《み》を光《てら》し助《たす》けたまへり。今諸《もろもろ》の虜《あたども》已《すで》に平《む》けて、海内《あめのした》事《こと》無《な》し。以て天神《あまつかみ》を郊祀《まつ》りて、用《も》て大孝《おやにしたがふこと》を申《の》べたまふべし」とのたまふ。乃《すなは》ち靈畤《まつりのには》を鳥見山《とみのやま》の中《なか》に立てて、其地《そこ》を號《なづ》けて、上小野《かみつをの》の榛原《はりはら》、下小野《しもつをの》の榛原と曰《い》ふ。用《も》て皇祖天神《みおやのあまつかみ》を祭《まつ》りたまふ。（『日本書紀』「神武天皇四年」）

神武天皇四年に鳥見山で祭祀を斎行し、天津神をお祭りして「大孝」をのべ給うたことが記されてゐる。「大孝」は天照大御神のお教へに従うたといふことであり、天孫降臨のときの神勅を達成したことを述べたといふことである。神武天皇が橿原宮でご即位なされてから鳥見山の大祭までには足かけ四年、満三年一箇月が経過してゐる。この足かけ四年といふ歳月が経過したことについて、保田與重郎はかう指摘してゐる。

即位大嘗祭は、神武天皇鳥見山大祭に起原し、この大祭は大和平定後六年、（即位後四年）

國內の産業完備した後に諸國物產を神饌とし、これを鳥見山上に陳列して、天祖を招き、天皇親しく祭事を主催遊ばされ、天命を奉じて天命に則り、あまつひつぎの恢弘せる證をあげて、よろこびを報じ、天祖にかへりごと申されたといふのがその趣旨の次第にて、卽ちこれが大孝を申ぶといふ所以であり、且つ後世大嘗祭の起原をなす。この天つ神のことよさしにかへりごと申すといふことの終始をのべるのがのりとであり、かへりごとは物産によつて證される。この祭りに要するその物產が完全に備へられるために、この時は大和平定後數年を要したのである。卽ち物產が正しく天つ神の敕命の道によつてとゝのひ、つまり國本生民の事實の成就する日を待つたのである。この成就の事實を報告することが、かへりごと申すとの意味にて、あかしの物を上り、神と共に饗す。このことが祭りである。これが祭政一致の根本義にて、掠奪物によつて卽座に神を祭る、犧牲の思想と異るところである。故に開拓せる土地の物產を開陳し、神と共に饗宴することがわが祭事であり、この物を生産するしくみ、――ことよさしとして行はれた生活が、卽ち祭りの生活である。故に祭政一致は、單なる宗教の領域に於ける制度でなく、國民の共同生活の原理であり、明白な形で國民の生業の組織の規定である。（保田與重郎『日本に祈る』「にひなめ と としごひ」）

鳥見山の大祭の本義は、天孫降臨のときの神勅を実行して達成したことを天照大御神に奉告することである。天孫降臨のときの神勅を達成したことを奉告するためには、それを証明する物産が必要であり、その物産を完全に備へるために足かけ四年の歳月を必要としたのだとしてゐる。

　この足かけ四年の間に行つてゐたことについては『古事記』や『日本書紀』には記されてゐないのだが、大同二年に斎部広成が撰上した『古語拾遺』には記されてゐる。『古語拾遺』を見ていくことによつて、具体的にどのやうな物産が生産されて鳥見山の大祭が斎行されたかといふことがわかる。なほ、『古語拾遺』は斎部氏の祖先の働きを多く取り上げてをり、斎部の祖先は太玉命である。宣長は『古語拾遺』について次のやうに指摘してゐる。

　中古より中臣はこよなく榮え、忌部はいたく衰へたることを憂《ウレ》へたるが、彼《ノ》書の主意なる故に、やゝもすれば中臣《ノ》神を貶《オト》して、忌部《ノ》神を褒《アゲ》たるが、實《マコト》に過《スギ》たること多きぞかし、

（本居宣長『古事記傳』「神代六之巻」）

　忌部は字をあらためて斎部としてゐるので、忌部と斎部は同氏族である。宣長は『古事記傳』の執筆にあたつては、『古事記』に記し漏れた部分があるとして『日本書紀』や『古語拾遺』なども参考としてゐる。『日本書紀』については支那に向けた文章のために潤色《かざり》があり、漢意《からごころ》が混じつてゐることに注意して扱つてゐる。そして『古語拾遺』は、中臣が栄えて斎部

が衰退していくなかで、斎部の役割が重要であることを訴へて撰上された書物であり、斎部の活躍を誇張してゐる可能性があることに注意して扱つてゐる。

それでは、具体的に神々の子孫の役割を確認してみよう。

天富命をして、斎部の諸氏《もろうぢ》を率て、種々《くさぐさ》の神宝《かむだから》、鏡・玉・矛・盾・木綿《ゆふ》・麻《をら》等を作らしむ。（斎部広成撰、西宮一民校注『古語拾遺』、岩波文庫）

天富命は太玉命の子孫である。天の石屋戸開きのときは伊斯許理度賣命が鏡を、玉祖命が玉をつくつてゐたのだが、神武天皇の御代には太玉命の子孫が率いてゐる氏族によつて、鏡、玉がつくられてゐる。もしかしたら、伊斯許理度賣命と玉祖命の子孫は太玉命の子孫と同じ血統になつたのかもしれない。または、『古語拾遺』では斎部氏の役割が誇張されてこのやうな表現になつてゐるだけで、伊斯許理度賣命や玉祖命の子孫たちが書物を撰上してゐれば、それらの氏族の子孫がつくつたといふ表現になつてゐたのかもしれない。いづれにしても、降臨した神の子孫たちによつて、鏡と玉がつくられたといふことだ。盾や麻なども生産されてゐることが確認でき、これらも大嘗祭では重要なものである。

そして、太玉命は天児屋命とともに、天津神籬・磐境の神勅をことよさされてゐた。橿原宮のご即位から鳥見山の大祭までの期間に、神勅に従つて神籬を樹ててお祭りを斎行してゐることが『古語拾遺』には記されてゐる。

皇天二《あまつかみふた》はしらの祖《みおや》の詔《みことのり》に仰従《したが》ひて、神籬《ひもろき》を建樹《た》つ。所謂、高皇産霊《たかみむすひ》・神産霊《かむむすひ》・魂留産霊《たまつめむすひ》・生産霊《いくむすひ》・足産霊《たるむすひ》・大宮売神《おほみやのめのかみ》・事代主神《ことしろぬしのかみ》・御膳神《みけつかみ》。（同）

「皇天二はしらの祖の詔」とは、このときに新しい詔を賜つたといふことではなく、天孫降臨のときに賜つた天津神籬・磐境の神勅のことである。この一文から、天孫降臨のときの神勅をしつかりと守つて、神籬を樹ててお祭りを斎行してゐることが確認できる。この八柱の神々は八神殿に祭られることとなり、明治時代以降は八柱だけでなく八百万の神々が祀られる神殿として、宮中三殿の一つとして祭られてゐる。

天石屋戸開きのときには鏡、玉などを作成し、それらを枝にとりつけて神籬としてゐた。天孫降臨のとき、邇邇藝命は鏡、玉、剣の三種の神器を賜り、さらに天児屋命と布刀玉命は神籬・磐境の神勅を賜つてゐる。『古語拾遺』に記されてゐる鳥見山大祭前の役割を見ると、天の石屋戸開きと天孫降臨を再現してゐるやうに思へる。

次に、大嘗祭の起源とされてゐる鳥見山の大祭のときの役割を確認しておく。天孫降臨のときに武装して皇孫を先導した天忍日命と天津久米命の子孫の役割についても記されてゐる。

日臣命《ひのおみのみこと》、来目部《くめべ》を帥《ひきゐ》て、宮門《みかど》を衛護《まも》り、其の開闔《あけたて》を掌《つかさど》る。（同）

天忍日命と天津久米命の子孫は、やはり天孫降臨のときの役割と同じやうに武装して天皇を護衛する役割を担つてゐる。

猨女君氏《さるめのきみうぢ》、神楽《かぐら》の事を供《つか》へまつる。自余《このほか》の諸氏《もろうぢ》、各《おのもおのも》 其の職《つかさ》有り。（同）

天宇受賣命は天孫降臨後、猿女君といふ名を賜つたので、鳥見山の大祭で神楽を仕へ奉つたのは天宇受賣命の子孫である。やはり、鳥見山の大祭は高天原の出来事を再現してゐると考へられる。さらに「自余の諸氏、各其の職有り」とあるので、ここに登場しない氏族も天孫降臨のときの祖先の役割を担つたといふことにならう。つまり、天皇だけでなく、天孫降臨の神々の子孫の氏族も天職相続が行はれてゐたのである。

神武天皇が御親祭あそばされたこの鳥見山の大祭で、天孫降臨のときの神勅によることよさしが実現したことを天照大御神にご奉告申し上げた。このことから私は、天孫降臨のときに天津神が神勅によつて定め給うた国体が神武天皇の御代に実現したのであり、だからこそ邇邇藝命ではなく、神武天皇がはつくにしらすすめらみことと称へられた初代天皇なのだと考へてゐる。

私の考へる国体とは、天照大御神の御子孫であられる天皇がことよさされた稲をお育てになり、天照大御神をお祭りなさりながら、知らすといふ方法で日本をご統治なさることである。そして、天孫降臨のときに各神々が担つた役割を果たすことこそが臣民の道であると考へてゐる。それは、祭りを斎行して天皇陛下をお助け申し上げ、お導き申し上げることであり、祭りを斎行するために稲を中心とするさまざまな物産を生産、準備することである。その生活こそが天津神からことよさされた暮らしであり、神代の暮らしをこの地上で実現することなので、神ながらの道なのである。

（『不二』平成二十七年四月号、五月号、六月号、七月号）

第二章　としごひとにひなめ——保田與重郎の新嘗観を中心として

第六十二回神宮式年遷宮

今年（平成二十五年）の新嘗を祝ふ集ひは三十回目であり、三十年になる。そこで、三十年記念行事として、実行委員および元実行委員で二月十七日の祈年祭の日に小石川大神宮に正式参拝を行つた。

本年は第六十二回神宮式年遷宮といふ節目の年でもあり、十月二日には内宮、五日には外宮で遷御の儀が斎行された。現在の遷御の儀の日づけは天皇陛下が御治定遊ばされるが、かつては内宮の遷御の儀は神嘗祭の日と定められてゐた。そのため、神宮の式年遷宮を大神嘗祭と呼ぶこともある。式年遷宮は応仁の乱により長い間中断を余儀なくされた時期があり、その後に復活したあたりから神嘗祭の日ではなくなつてきたのだ。伊勢神宮式年遷宮広報本部公式ウェブサイトには「社殿や御神宝類をはじめ一切を新しくして、神嘗祭を完全なかたちでとり行うところに本来の趣旨があります」とあるので、やはり現在でも遷宮後の神嘗祭は重要とされてゐるみたいである。

式年遷宮には「常若《とこわか》の思想」がよく表れてゐる。建物を二十年ごとに立て直すことにより、永遠に建物を保つことができる。これは、日本人は自然の循環のなかに永遠を見出したことを意味してゐる。西洋人が物質の永遠性を求めたのに対し、日本人は技術や精神性の永遠を求めたといふことができる。このやうな式年遷宮の年に、新嘗を祝ふ集ひ実行委員長の交代となつたことは、まさに常若の思想を新嘗を祝ふ集ひ実行委員会が体現したものと思つてゐる。

祝日に関する法律

さて、実行委員長就任の挨拶はここまでとして、演題の「としごひとにひなめ」について、保田與重郎を引用しながら見ていきたい。

昭和二十三年に施行された「国民の祝日に関する法律」（祝日法）によると、十一月二十三日は「勤労感謝の日」といふ祝日になつてをり、祝日の意味は「勤労をたつとび、生産を祝い、国民たがいに感謝しあう」と記されてゐる。この祝日法はGHQによる占領中に施行された法律であり、それ以前の十一月二十三日は新嘗祭といふ祭日であつた。

祝祭日が法に定められてゐたことがわかる最古のものは『延喜式』に収められてゐる「養老律令」であらう。「養老律令」以前にも「大宝律令」といふ律令があつたことはわかつてをり、そこで定められてゐた可能性もあるが、現段階では「大宝律令」の全文は不明で、断片的にしか発見されてゐない。「養老律令」の「神祇令」には「仲冬条《なかのふゆ》（中略）下卯《しものう》大嘗祭」とある。この時代の日づけには干支が用ゐられてをり、律令時代には十一月の下卯に斎行されてゐたのだ。ただし、卯が三度ある場合は中卯《なかのう》、つまり二度目の卯となつた。

現在のやうに新嘗祭は十一月二十三日と定まつたのは、明治六年の「太政官布告第三百四十四号」によつてである。明治六年の改暦に伴ひ、干支ではなく二十三日となつた。なほ、二十三日となつた理由は、明治六年の十一月下卯が二十三日だつたからである。新嘗祭もやはり勤労に感謝するのだから、現在の勤労感謝の日といふ名称でもいいと思ふ方がをられるかもしれない。しかし、勤労感謝の日では「国民たがいに感謝しあう」だけで、そこに一番重要な神のご存在が抜け落ちてしまつてゐる。

祈年祭とは

まづは祈年祭を見ていかう。祈年祭は「としごひのまつり」ともいふ。としごひとはどういふことなのか。

としごひの意味は、通常いふおんだに通じてゐる。御田祭りのことである。新嘗を祝ふための祭りであり、新嘗を行ふために豫め行ふ祭りだが、その祭りは、田植と耕作の第一歩といふ點で、農耕生活の第一歩であり、同時に一年の始めといふこととなる。（中略）としごひ又はおんだは、稲作り生活の第一着手だつたが、萬世不易の始めでもあつた。

（保田與重郎『日本に祈る』「にひなめ と としごひ」）

簡単にいふなら、としごひとは新嘗を行ふためのお祭りで、稲作生活のはじまりなのだ。としごひとは、「とし」と「こふ」といふ二つの単語でできてゐる。

としごひのとしは稲である。古代は稲によつてとしを数へ、稲の一代をとしとしたものである。人のとしもこのとしにもとづき、としの数は、祭りをいく度共にしたかを数へ、この思想は傳統と歴史の共同生活につながるものである。（同）

「とし」とは稲のことである。そして、稲作の共同生活の一周期が「一年」であり、その米づくりの共同生活を何度行つたかを示すのが「年齢」である。神社などで厄年が数へ年で書かれてゐるのは、かういふ年齢の数へ方をしてゐるからだ。満年齢が日本で普及したのは戦後のことで、これは個人生活の数へ方に基づいてゐる。そして「こふ」とは「乞ふ」のことで、何かを求めたり願つたりすることである。だから「としごひ」とは稲を求める、稲の豊作を願ふといふ意味である。

としごひは、十一月新嘗祭を行ふために、まづ天つ神國つ神を祭り給ひ、天つ神國つ神のことよさしを述べて、そのまゝに仕へ奉る由を唱へ、にひなめを約す。（同）

「ことよさし」については後述することとして、祈年祭とは神のことよさしを述べて、そのことよさし通りに実践し、その結果を新嘗祭で奉告することを約束するお祭りである。

> にひなめのために豫め行ふとしごひの祭りが、單なる豊年の祈願祭でなく、一つの農耕の制と道をのべ、天恵と勤勞の關係をたしかめて、天つ神のことよさしに仕へ奉るといふ基本道徳と、生産生活の古制の原則を明らかにした。（同）

祈年祭は豊年を願ふだけでなく、稲が育つためには天恵など人智を超えた力も必要であることを確かめるのだ。そのことにより、神ながらの道とはどのやうなことなのかも明らかになる。

祈年祭は、古くは二月十七日に神宮と諸神社で斎行されてゐたのだが、宮中では斎行されてゐなかつた。宮中では明治五年二月四日に斎行されたのがはじまりで、明治六年からは二月四日に皇霊殿、十七日に賢所と神殿で斎行されるやうになつた。二月四日に斎行されたのは、二月四日は朝廷から各神社に幣を分け与へる祈年班幣の日だつたからである。そして、大正三年に宮中三殿とも二月十七日といふことに統一された。

新嘗祭とは

次に新嘗祭とは何かを見ていかう。

米と酒に、つけ加へて種々の物産を神に供へ、神々の仰せのとほりに、ここにすべてつくり上げました、さあたてまつりますと、その經過をことばで申上げることが祭りである。（中略）この申しあげることばをのりとといつた。（保田與重郎『現代畸人傳』「われらが平和運動」）

米や酒、海の幸や山の幸などの物産を神にお供へし、神のおつしやつた通りにつくりましたと奉告するのが祭りである。保田は、その経過を述べる言葉が祝詞であるとしてゐる。

にひなめが祭りの中心であり、祭りとは原則としてにひなめを云ふのである。しかもにひなめは、一年を通じての、勤労と生産に於て、神と人とが共同した行事である。人の作つたものを、人が神に供し、神と共に饗宴する行事である。この故にわが國の祭りとは、生活そのものだと云ひうるわけである。さういふ生活を行ふ者の、大本にして古制なる思想が、祭りの根據となるのである。祭政一致の根柢もまたこゝにある。（保田與重郎『日本に祈る』「にひなめ と としごひ」）

米などの食べ物をつくるといふことは人間の力だけではできない。日光や水といつた自然の恵みも必要となる。それを提供してくれるのは神である。だから生産とは神との共同作業なのだ。食べ物だけでなく、すべてのものづくりといふのは神と人間の共同作業である。よつて、生産物を人間だけでいただいたり、楽しんだりするのではなく、神とともにいただき、ともに楽しむのだ。

> 勤労とは、ことよさしを行ふわざであり、卽ち正しい唯一の仕奉のみちである。生産とはむすびの意にて、このむすびに於て神が確認せられる。ゆゑに神の道は、むすびとことよさしに結合するところの自然に、最もあきらかに現れるのである。かくてむすびのみたまのさきはひと、ことよさしに仕へ奉るおほみたからのみちとの結合結實するところに、にひなめが行はれるわけである。（同）

ものづくりとは何かを生産することである。この生産といふ働きを司るのは高御産巣日神と神産巣日神といふ「むすび」の神である。このむすびの神の働きと、ことよさし通りに働く人間の力によつて、ものづくりは行はれ、その生産物を奉り、言葉で奉告するために新嘗祭が斎行されるのだ。

新嘗の起原は高天原にて天照皇大神に拝し奉るが、古事記上巻にすでに臣列の者の新嘗を行ふ記載あり（中略）祭りは秋のものであり、秋の祭りは、にひなめである、にいひなめもにひあへもおほにへのにへも、みな同じ意味にて、饗の意である。にへとは食物を神にも人にもあへする、つまり饗するのである。（同）

神と人とが饗する秋の祭りが新嘗祭であり、その起源は神代の高天原である。新嘗祭は、天皇だけでなく、臣下も斎行してゐたことは、『日本書紀』の次の記述からわかる。

十一月《しもつき》（中略）丁卯《ひのとのうのひ》（十六日）に、天皇新嘗御《にひなへきこしめ》す。是の日に、皇子《みこ》・大臣《おほおみ》・各自《おのおのみづか》ら新嘗《にひなへ》す。

（『日本書紀』「皇極天皇元年」）

新嘗祭と大嘗祭

新嘗祭の起原が高天原であることと、新嘗と大嘗が同じ意味であり区別されてゐなかつたことを『古事記』と『日本書紀』の記述から確認してみよう。

天照大御神の營田《つくだ》の阿【此の阿の字は音を以ゐよ。】を離《はな》ち、其の溝《みぞ》を埋《うづ》め、亦其の大《おほ》嘗《にへ》を聞看《きこしめ》す殿《との》に屎《くそ》麻理【此の二字は音を以ゐよ。】散らしき。（『古事記』「上巻」）

この『古事記』の箇所を『日本書紀』では次のやうに記されてゐる。

天照大神の新嘗《にひなへきこ》しめす時《とき》を見《み》て、則《すなは》ち陰《ひそか》に新宮《にひなへのみや》に放屎《くそま》る。（『日本書紀』「神代上　第七段」）

『古事記』では大嘗といふ語が使はれ、『日本書紀』では新嘗といふ語が使はれてゐる。ここから、かつては大嘗と新嘗の区別がなかつたであらうことが推測できるのだ。

大嘗祭と新嘗祭の区別がなされるのは天武天皇以降ではないかといはれてゐる。

十二月《しはす》の壬午《みづのえうま》の朔丙戌《ひのえいぬのひ》（五日）に、大嘗《おほにへ》に侍奉《つかへまつ》れる中臣《なかとみ》・忌部《いむべ》及び神官《かむつかさ》の人等《ひとども》、并《あはせ》て播磨《はりま》・丹波《たには》、二《ふた》つの國《くに》の郡司《こほりのみやつこ》、亦以下《またしもつかた》の人夫《おほみたからども》等に、悉《ことごと》に禄《ものたま》賜ふ。因《よ》りて郡司等《たち》に、各爵《かうぶり》一級《ひとしな》賜ふ。（前掲書「天武天皇二年」）

天武天皇のご即位は天武天皇二年二月二十七日だから、この記述は即位後初の新嘗祭であり、それは大嘗祭のことである。この記述では「大嘗」と記されてをり、文字通り大嘗祭が斎行されたのだ。ここで播磨と丹波といふ国名が登場するが、播磨が悠紀、丹波が主基といふのが通説らしい。悠紀、主基が出てくることからも大嘗祭であることがわかる。

十一月《しもつき》の乙丑《きのとのうし》の朔《ついたちのひ》に、新嘗《にひなへ》の事《こと》を以て、告朔《ついたちまうし》せず。（前掲書「天武天皇五年」）

大嘗祭は天武天皇二年に斎行されてゐるので、この年は間違ひなく新嘗祭であり、きちんと「新嘗」といふ字が用ゐられてをり、大嘗祭と新嘗祭の区別がはつきりとしてゐることがわかる。

念のためにその翌年の記述も確認しておかう。

十一月《しもつき》（中略）己卯《つちのとのうのひ》（二十一日）に、新嘗《にひなへきこしめ》す。辛巳《かのとのみのひ》（二十三日）に、百寮《つかさつかさ》の諸《もろもろ》の位《くらゐ》有る人等《ひとども》に食《いひ》賜ふ。乙酉《きのとのとりのひ》（二十七日）に、新嘗《にひなへ》に侍《つか》へ奉《まつ》りし神官《かむつかさ》及《およ》び國司《くにのみこともちたち》等に禄《もの》賜ふ。

（前掲書「天武天皇六年」）

やはり「新嘗」といふ字が用ゐられてをり、はつきりと区別されてゐるといへる。

天武天皇の御代の次は持統天皇の御代である。

十一月《しもつき》の戊辰《つちのえたつのひ》に、大嘗《おほにへ》す。神祇伯《かむつかさのかみ》中臣《なかとみの》朝臣《あそみ》大嶋《おほしま》、天神《あまつかみの》壽詞《よごと》を讀《よ》む。壬辰《みづのえたつのひ》（二十五日）

に、公卿《まへつきみ》に食《おものおほみ》衾《ふすま》賜《たま》ふ。乙未《きのとのひつじのひ》（二十八日）に、公卿より以下主典《しもつかたふびと》に至《いた》るまでに饗《あへ》たまふ。并《あはせ》て絹《いぬ》等《ら》賜《たま》ふこと、各《おのおの》差《しな》有《あ》り。丁酉《ひのとのとりのひ》（三十日）に、神祇官《かむづかさ》の長上《ながつへ》より以下《しもつかた》、神《かむ》部《とものを》等《ら》に至《いた》るまで、及《およ》び供奉《そのことにつかへまつ》れる播磨《はりま》・因幡《いなは》の國《くに》の郡司《こほりのみこともち》より以下《しもつかた》、百姓の男女《おほみたからをのこめのこ》に至るまでに饗《あへ》たまひ、并《あはせ》て絹等賜ふこと、各差《しな》有り》（『前掲書「持統天皇五年」）

持統天皇の即位は持統天皇四年一月一日なので、持統天皇五年は即位の翌年である。この年が初の新嘗であつてもおかしくはない。これが大嘗祭だつたのであらう。

はじめに「養老律令」「太政官布告」「祝日法」で確認したやうに、宮中での新嘗祭は古くは十一月下卯に斎行されてゐたが、現在では十一月二十三日に斎行されてゐる。天皇陛下は神嘉殿で斎行し、三殿では侍従が代拝を務めて斎行されてゐるやうである。神嘉殿では午後六時から「夕の儀」、午後十一時から「暁の儀」と二度斎行されてゐると漏れ承つてゐる。

鳥見霊畤

大嘗祭の起原は、神武天皇が鳥見山の山頂で執り行つた大祭とされてゐる。鳥見山での大祭は『日本書紀』では次のやうに記されてゐる。

四年の春二月の壬戌《みづのえいぬ》の朔甲申《きのえさるのひ》（二十三日）に、詔《ことよさ》して曰《のたま》はく、「我《わ》が皇祖《みおや》の靈《みたま》、天《あめ》より降《くだ》り鑒《み》て、朕《わ》が躬《み》を光《てら》し助《たす》けたまへり。今諸《もろもろ》の虜《あたども》已《すで》に平《む》けて、海内事無《あめのしたことな》し。以て天神《あまつかみ》を郊祀《まつ》りて、用《も》て大孝《おやにしたがふこと》を申《の》べたまふべし」とのたまふ。乃《すなは》ち靈畤《まつりのには》を鳥見山《とみのやま》の中《なか》に立てて、其地《そこ》を號《なづ》けて、上小野《かみつをの》の榛原《はりはら》、下小野《しもつをの》の榛原と曰《い》ふ。用《も》て皇祖天神《みおやのあまつかみ》を祭《まつ》りたまふ。（前掲書「神武天皇四年」）

鳥見山での大祭が斎行されたのは、神武天皇が大和を平定してから六年、橿原で即位してから四年経つてのことである。なぜ神武天皇元年や二年ではなかつたのだらうか。その理由を保田は次のやうに述べてゐる。

即位大嘗祭は、神武天皇鳥見山大祭に起原し、この大祭は大和平定後六年、（即位後四年）國内の產業完備した後に諸國物產を神饌とし、これを鳥見山上に陳展して、天祖を招き、天皇親しく祭事を主催遊され、天命を奉じて天命に則り、あまつひつぎの恢弘せる證をあげて、よろこびを報じ、天祖にかへりごと申されたといふのがその趣旨の次第にて、即ちこれが大孝を申ぶといふ所以であり、且つ後世大嘗祭の起源をなす。この天つ神のことよさしにかへりごと申すといふことの終始をのべるのがのりとであり、かへりごとは物產によつて證される。この祭りに要するその物產が完全に備へられるために、この時は大和平定後數年を要したのである。即ち物産が正しく天つ神の敕命の道によつてとゝのひ、つまり國本生民の事實の成就する日を待つたのである。この成就の事實を報告することが、かへりごと申すとの意味にて、あかしの物を上り、神と共に饗す。このことが祭りである。（保田與重郎『日本に祈る』「にひなめ と としごひ」）

お祭りとは生産物を奉り、それを神と人間がともにいただき、ともに楽しむことだといふことは先述した通りだが、その生産物を完全に整へるために即位から四年の年月を要したのである。そして、具体的にどのやうな物産が生産されたのかといふことが『古語拾遺』に記されてゐる。この書物は、平城天皇のみことのりにより斎部広成が撰上した。斎部氏は中臣氏と同じく祭祀を司る氏族だつたが、このころになると中臣氏が強大な勢力を有し、斎部氏は衰退してゐた。そこで斎部広成は斎部氏による祭祀の正統性を主張したのがこの書物だとされてゐる。『古事記』や『日本書紀』には記されてゐないことが記されてゐるので貴重な書物である。

種々《くさぐさ》の神宝《かむだから》、鏡・玉・矛・盾・木綿《ゆふ》・麻《を》等《ら》を作らしむ。櫛明玉命が孫《うまご》は、御祈玉《みほきたま》（古語に、美保伎玉《みほきたま》といふ。言ふこころは祈禱《ほき》なり。）を造る。（中略）天日鷲命が孫、木綿《ゆふ》及《また》麻《を》并《また》織布《あらたへ》（古語に、阿良多倍《あらたへ》といふ。）を造る。（中略）穀《かぢ》・麻《あさ》の種《たね》を植《う》ゑしむ。（中略）大嘗《おほみにへ》の年に当りて、

木綿《ゆふ》・麻布《あらたへ》及《また》種種《くさぐさ》の物を貢《たてまつ》る。（斎部広成撰、西宮一民校注『古語拾遺』「造祭祀具の斎部」、岩波文庫）

これは斎部氏とその関係筋が、神武天皇即位から鳥見山での大祭までに何を行つてゐたか、何をつくつてゐたのかが具体的に記されてゐる。田畑を開墾し、衣服をつくつてゐたのだ。衣食住を整へて、お祭りの準備をしたのであらう。

お祭りとはことよさしのままに行つたことを奉告するものである。それではことよさしとは何か。『日本書紀』の鳥見山の大祭のところの記述では「申大孝」とも記されてをり、これを「みおやのをしへにしたがうたことをかへりごともうす」と読む。みおやとは天照大御神であり、広義では高皇産霊尊、さらに広くは天津神々のことである。そして、ここでのみおやのをしへとは、天孫降臨にあたつての教へのことである。

国民が神籬を樹てて新嘗祭を斎行するのは、高皇産霊尊の教へによるものであることが『日本書紀』に記されてゐる。

高皇産靈尊、因《よ》りて勅《みことのり》して曰《のたま》はく、「吾は天津《あまつ》神籬《ひもろぎ》及《およ》び天津《あまつ》磐境《いはさか》を起し樹《た》てて、當《まさ》に吾《すめ》孫《みま》の爲《ため》に齋《いは》ひ奉《まつ》らむ。汝《いまし》、天兒屋命・太玉命は、天津神籬を持《たも》ちて、葦原中國《あしはらのなかつくに》に降《くだ》りて、亦吾孫《またすめみま》の爲に齋ひ奉れ」とのたまふ。（『日本書紀』「神代下　第九段」）

ここで重要なのは、国民の祭祀とは神籬を樹てて天皇のために斎行するといふ点である。天孫降臨後、天児屋命の子孫である中臣氏、太玉命の子孫である斎部氏が天皇のために祭祀を司る氏族となつたのはこの神勅に由来する。このことは『古語拾遺』にも記されてゐる。

皇天二《あまつかみふた》はしらの祖《みおや》の詔《みことのり》に仰従《したが》ひて、神籬《ひもろぎ》を建樹《た》つ。（『古語拾遺』「神籬を建て神々を祭る」）

なほ、宮中での新嘗祭では神籬を樹ててゐない。神籬ではなく座が用意されてをり、神はその座にお座りになると漏れ承る。

天照大御神は邇邇藝命に稲穂の種をことよさしなされてゐる。

勅して曰《のたま》はく、「吾が高天原《たかまのはら》に所御《きこしめ》す齋庭《ゆには》の穂《いなのほ》を以て、亦吾が兒《みこ》に御《まか》せまつるべし」とのたまふ。（『日本書紀』「神代下　第九段」）

新嘗祭と関係が深いのが、この斎庭の稲穂の神勅である。天孫降臨のとき、天照大御神は稲の種子を邇邇藝命に渡し、高天原と同じやうに地上でも稲を育てなさいと教へた。日本人が米づくりの生活を基盤として、米を主食とするのは天照大御神の教へによるものである。現在では米は完全食であることが栄養学的に証明されてゐる。人間が生きていく上で必要な栄養素のほとんどは、玄米を食べることにより摂取することができる。ただし、精米して白米にしてしまふとビタミンが不足するやうだ。江戸時代に流行した脚気の原因は、精米して白米にしたために陥つたビタミン不足だとされてゐる。栄養学的観点からも米が完全食だといふ事実の前に、さすが天照大御神からの贈り物であると驚愕せざるをえない。

さて、天孫降臨の思想的意義を保田はかう記してゐる。

天孫降臨の思想的意味は、素朴に換言すると、水田耕作民の道と、商業を加味した牧畜民的なものの制度との間に起つた、道徳、生活、社會、國家の原理上の折衝と解される。水田耕作民の道を奉じた天孫民族の古制が、道としての本みち、正しかつたのである。そしてこの系列の考へ方が、神武天皇の肇國原理となり、崇神天皇の古道恢弘の原理となる。かゝる法に立つ國（くに）は、今日云ふ國家観念では律し得ない。それをあめがしたをいへとなすと國學者はよんだ。卽ち八紘爲宇であるが、近時に於てはこれを領土あるひは植民地となすと考へる者が少なくなかつた。古道が不明になつた一つの證據である。（保田與重郎『日本に祈る』「にひなめ　としごひ」）

生産生活と流通経済の対立が天孫民族と出雲民族との戦ひであり、生産生活の道を選んだのが国譲りと天孫降臨の思想的意義なのであらう。近代国家といふのは流通経済思想の進化形で、人間をも商品化して管理しようといふ思想に立脚してゐるといへよう。

日本人の暮らし

としごひとにひなめを貫く米づくりの生活こそが日本人の暮らしである。保田は次のやうに述べてゐる。

米作りの生活は祈年祭《としごひのまつり》に始まり新嘗をもつて終る。しかもこの祭りは又次の年の始まりである。年《とし》といふのは稲のことであつて、米作りは早春より初めて秋冬に終り、これを一年とよぶ。（保田與重郎『鳥見のひかり』「事依佐志論」）

米づくりの生活の一周期を一年と呼ぶ。まさに日本人は米づくりを基盤とした生活をしてゐるのだ。

岡倉天心が美の歴史によつて観念的に考へた、アジアは一つだといふことばは、本來は米作りといふ生活とその生活の中の道德とによつて、一つに結合し、今や運命を一つにおかれてゐる現狀である。人類の文化は米餅の文化と麵麭の文化に大別されるのである。としごひとにひなめを貫くわが古の神ながらの道は、米に生き米作の文化をもつ地帯の道義の原理であり、生活の道であつたものが、最も本質的に残つた形である。（保田與重郎『日本に祈る』「にひなめ と としごひ」）

東洋と西洋は地理的な相違だけではなく、文化的な違ひがある。この文化の違ひこそが東西の根本的な違ひであらう。東洋の米文化は生産の道を歩み、西洋のパン文化は流通経済の道を歩んだ。そして、米文化の生産の道こそが正しいといふことは、すでに国譲りと天孫降臨の物語で示されてゐるのである。現在はわが国も流通経済に傾きつつあるので、もう一度正しい道は何かを確認しなくてはならない。正しい道は天照大御神によつて明確にお教へいただいてゐる米づくりの道である。そして現実に、その正しい道に従ひ、神武天皇による肇国があり、崇神天皇の古道恢弘となつて、現在にまでいたつてゐるのだ。

わが祭政一致の根本と、天壌無窮の神勅の實感は、實に祈年祭と大嘗祭を結ぶ生活の中にあつたのである。（註　昔は大嘗と新嘗に稱への區別はない）これ卽ち農を國本をなす思想の原因であり、わが祭祀の根源である。（保田與重郎『鳥見のひかり』「祭政一致考」）

祈年祭と新嘗祭を貫く生活こそが祭政一致で、新嘗祭を斎行するための準備を行ふことが本来の政治である。そして、その生活は毎年繰り返されて永遠に続いていく。ここに天壌無窮の実感が得られるのだ。

米を作ることが、しくみの上では政治《まつりごと》であり、終局は祭りであり、この全體がくらしだつた。（保田與重郎『現代畸人傳』「われらが平和運動」）

この一文については説明はいらないだろう。としごひとにひなめを貫く米づくりの生活が祭政一致であり、その生活は天壌無窮である。これが日本人の暮らしであり、神ながらの道なのである。

（『不二』平成二十五年十二月号）

第三章

「死ね」といふ声聞く彼方——かたくなにみやびたるひと蓮田善明

かたくなにみやびたるひと

作家の大下英治によると、昭和四十二年三月に王朝文学研究の国文学者として知られる清水文雄の広島大学の退官講義が行はれた。清水文雄は和泉式部などの王朝文学についての講義を行ひ、「最後に、わたくしの心情を書かせていただきます」と言ふと黒板に向かひ、手に力を込めて「雅が、人を撃つ」と板書したさうである。そして、もう一度生徒たちの方に向き直ると「これで私の退官講義は終はります。長い間、ありがたうございました」と述べ、深々と頭を下げた後、教室を出て行つた。

退官講義に出席してゐた大下は、清水の板書を見たときの感想を次のやうに記してゐる。

わたしは、ハッとした。

清水先生は、王朝女流文学の権威者としての貌だけではない。日本浪漫派の流れを汲み蓮田善明を盟友に持ち、三島由紀夫の師としての貌を持っていたのだ。（季刊『大吼』平成二十年夏季号、大下英治「雅が、人を撃つ」）

清水文雄が退官講義の最後に書いたこの「雅」が指す人物とは蓮田善明のことである。広島大学を退官した二年後の昭和四十四年、清水は蓮田善明について「かたくなにみやびたるひと」といふ文章を執筆してゐる。

「みやび」が敵を討つ――第二次応召の予測が次第に強まってきた頃、このような言葉を蓮田の口から直接聞いたことがたびたびあるし、書いたものの中にも同じ意味の言葉が何度かくり返された。抱愛と拒絶、やさしさときびしさ、この相表裏する二つの契機を内包するところに、「みやび」の真姿があったのである。一見女々しい優柔体の様相を呈しながら、利己・欺瞞・倨傲・俗悪……など、すべて正雅ならざるものに対する時、「みやび」は一転して破邪の剣となる。したがって、「みやびが敵を討つ」とは、非常時に対処する「ますらを」の決意を表明した言葉であった。（清水文雄『続　河の音』「かたくなにみやびたるひと」）

大下英治の記憶によると清水の板書は「雅が、人を撃つ」であるが、昭和四十四年に清水が執筆した「かたくなにみやびたるひと」によると、「みやびが敵を討つ」となつてゐる。退官講義のときには清水がさう板書したのかもしれないし、大下の記憶違ひかもしれない。『国語教育研究　十四号』には清水文雄の最終講義録「『もののあはれをしる』といふこと」が掲載されてをり、最終講義の日づけは昭和四十二年二月二十五日となつてゐる。この講義録では和泉式部は登場せず、本居宣長と源氏物語を中心にあはれについての講義が行はれてゐる。最後に蓮田善明について言及してゐるので、大下が出席した退官講義といふのは、もしかしたらこの最終講義だつたのではないだらうか。参考までに最終講義録「『もののあはれをしる』といふこと」の最後を箇所を引用しておく。

最後に、わたくしごとにわたって恐縮でありますが、お許しいただきます。私はさきに、友人池田勉君の考えを紹介して、話を進める上の一つの支えとしてきました。池田君は昔一緒に仕事をした仲間の一人でありますが、さきほど「みやび」ということばを口にしたとき、はからずも同じ仲間の一人でありました蓮田善明君のことを思い出していました。蓮田君は終戦まもなく、マレー半島のジョホールバルでピストル自殺をとげましたが、二度目の応集を受けて、昭和十八年秋南方へ向かって出発したまま、ついに帰って来なかったのであります。二度目の応召がまぢかに予想されていたところ、ある日、ふと彼の口から、「みやびが敵を討つ」ということばを聞いて、はっとしたことを思い出します。それは、一見矛盾を含む表現のように見えるこのことばの奥に、一筋のきびしいものがひそめられていることを直観したためと思われます。そのときの蓮田君の心事を、今切実に思いかえすのであります。

以上でおわります。（『国語教育研究　十四号』清水文雄「『もののあはれをしる』といふこと」）

蓮田の最期を考へたとき、表面的な事実としては「雅が、人を撃つ」と表現した方が適切だが、思想的には「みやびが敵を討つ」と表現した方が適切だと思ふ。どちらにしても、清水が蓮田を「みやび」とあらはしたことはたしかである。

「みやび」と「敵を討つ」とは、一見相反する位置にある概念と考へるのが通常なのかもしれない。しかし清水文雄は、正雅ならざるものに対するときにみやびは破邪の剣になるとしてをり、蓮田善明がその言葉を口にするのを聞いてゐたことを「かたくなにみやびたるひと」で述べてゐる。

本論では、蓮田がなぜ上官を射殺し、なぜ自決したのかを探っていきたい。

平成二十五年九月、岩波新書から蓮田善明の『現代語訳　古事記』が復刊されてゐる。そして同年十月十七日の大神嘗祭の日を奥付として、展転社から保田與重郎の小学生向けの歴史物語四部作を集めた『ふるさとなる大和』を刊行。さらに十二月には文春学藝ライブラリーから、保田與重郎の『わが萬葉集』が文庫本として復刊されてゐる。再び日本浪曼派が注目を集めつつある。とはいへ、まだ日本浪曼派を知る人は少なく、保田與重郎の知名度と比べてみても、蓮田善明の知名度はさらに低く、蓮田を知つてゐる人は少ないのではないかと思ふ。なので、蓮田善明の略歴を記しておかう。

蓮田は明治三十七年、浄土真宗金蓮寺の住職である蓮田慈善の三男として熊本市で生まれる。大正六年に植木尋常小学校を卒業して、熊本県立済々黌（現・済々黌高校）に入学。丸山学らと回覧雑誌『護謨樹』を創刊。同十二年に済々黌を卒業し、広島高等師範学校文科第一部（国語漢文専攻）に入学。丸山学らと同人文芸雑誌『空』を刊行。昭和二年、広島高等師範学校を卒業した後、鹿児島第四十五聯隊に十ヶ月ほど入隊。その後、同三年に岐阜県立第二中（現・岐阜県立加納高等学校）、同四年には長野県立諏訪中学（現・長野県諏訪清陵高等学校）で教職につくも、同七年に教職を退き、広島文理科大学国語国文科に入学。このときに斎藤清衛門下の清水文雄、池田勉、栗山理一らと『国文学試論』を創刊する。昭和十年に広島文理科大学を卒業すると、台湾の州立台中商業高校へと赴任。そして同十三年に成城高等学校教授となり、『国文学試論』の同人でもあった清水文雄、池田勉、栗山理一らと『文藝文化』を創刊。なほ、三島由紀夫のデビュー作「花ざかりの森」が掲載されたのは『文藝文化』であり、三島由紀夫を見出したのは蓮田善明と清水文雄である。そして同年十月、蓮田は応召となり熊本歩兵第十三聯隊第二中隊に陸軍歩兵少尉として入隊。同十四年、中支に赴き、軍務にあたりながらも執筆活動を続ける。同十五年十二月、召集解除となり帰国するが、同十八年十月に再び応召となり西部第十六部隊に入隊。そしてマレー半島のジョホール・バルで終戦を迎へる。その四日後の八月十九日、上官である中条豊馬を射殺した後に自決する。

日本浪曼派の文学運動を考へる上で、保田與重郎と蓮田善明は二本柱ともいへる存在である。この日本浪曼派の二本の柱を、保田與重郎たち東大生を中心とした同人誌『コギト』、蓮田善明たちの広島文理科大学を中心とする『文藝文化』と見ることもできる。ところが『文藝文化』の蓮田たちは東大を卒業した斎藤清衛の門下生であり、『文藝文化』でデビューをかざつた三島由紀夫は東大に進学することになる。この辺りは面白い。それはともかく、日本浪曼派文学運動の一翼を担つた『文藝文化』同人がわが広島大学の前身である広島文理科大学卒業生であることは、広島大学教育学部卒業生である私の誇りとするところである。

それでは蓮田の作品から、蓮田が「みやび」と「敵を討つ」ことは相反する概念ではないと考へてゐたことを探つていきたい。

みやび

まづは、蓮田が「みやび」をどのやうに捉へてゐたのかを蓮田の著書から見ていかう。

みやびといふのは、宮びであり、御家《みや》びであることは言ふ迄もない。皇神《すめがみ》の大御手《おほみて》ぶりである。皇神の振舞ひ給ひ、楽しみ給ふ姿である。又その皇神のふりに「神習ふ」(「古事記」)ことである。それ故神を祭るにも神の御心に足らふやうに、ゆたかに、おほらかに、みやびて、うるはしくなければならない。(蓮田善明『本居宣長』「みやび」)

宮とは神や天皇の住まふところのことである。蓮田は、皇神や天皇の振る舞ひ、または皇神や天皇に倣ふことをみやびとしてゐる。これは蓮田独自の解釈ではなく、ごく一般的な解釈である。『広辞苑』（岩波書店）で「みやび」を引くと「①宮廷風であること。都会風であること。優美で上品なこと」とある。現在では上品とか絢爛とかいふ意味で使はれることが多いやうに思ふが、それは宮廷が上品で絢爛だつたから、そこから派生した意味であらう。その印象の源は宮廷である。「神習ふ」とは皇神を中心に神々の物語が描かれてゐる『古事記』に倣ふことでもあるとしてゐる。それは、宮廷風の具体的事例が『古事記』に記されてゐるからだらう。保田與重郎が小学生に向けて執筆した「神武天皇」では「風雅というのは、『みやび』と言い、天皇陛下の都の文化をまねることです」（保田與重郎「神武天皇」）としてゐる。なほ、みやびの動詞形は「みやぶ」である。

そして、神祭りで神に満足してもらふためには、ゆたかで、おほらかで、うるはしくなければならないとしてをり、蓮田は神祭りもみやびでなければならないとしてゐる。

すべて禍津日神をさへまつられるといふ「まつり」に終始してこそ、神の御国、神の御民としての「みやび」の大御手ぶりなのである。（前掲書「まつり」）

「まつり」とは祭祀のことで、神に食事をしていただき、楽しんでいただくことである。蓮田のこの文章から、お祭りこそがみやびの核になつてゐることが確認できる。みやびといふのは常にそこに神のご存在がある。そして神のご存在があるといふことは、わが国は神の国であり、わが国民は神の民といふことである。だから神国日本の国民は全員、みやびたる心を有してゐるはずである。

今日八紘為宇の宇を「いへ」とのみ訓んで未だ何か唯政治的に説くを常としてゐるが、私は「都」（宮処《みやこ》）に対して「宇」（みかど）の意があるのではないかとひそかに拝してゐる。六合を兼ねて以て都を開きとは、「皇天《あめのかみ》の威《みいきほひ》」のさかんに到る処あまねくみやこなりとの、後世の我らが想像を絶する洪謨と仰がれる。皇天の威のさきはへ給ふ所これ「みやこ」である。かかる「みやこ」を経始したまふ叡慮はその時の令《みことのり》につぶさにのべたまうてある。我々今日の文化といふ言葉に当るやうな事が述べられてあるが、唯文化と云はず、天皇の文化としての「みやこ」と仰せられてある所を我々は限り無いさかんさに拝するのである。
　爾来かかる天皇のみやびを守る道が幾変化の歴史の中にひしと承けつがれて行つてゐるのであつて、このほかに日本文学といふものも無かつた。「みやび」とは右のやうな「みやこ」びであり、大宮ぶりである。そのみやびが遂に中世以来は「侘び」といふ如きものの中にのみ守られてゐる姿は、実に我々慷慨に堪へない哀れさである。唯それだに詩人達が守り貫いてきたのである。（蓮田善明『花のひもとき』「歌とみやび」）

蓮田は、八紘為宇の「宇」の字は単なる家といふ意味だけではなく、みかどといふ意味が含まれてゐると考へてゐる。すると、「宇」とはみかどの住まひであり、すなはち宮廷の意味があるといふことになる。天皇の御稜威が天下にあまねく届き、世界中をみやことすることが八紘為宇なのである。

中世以降、みやびは衰微していき、つひには院政から幕府政治へと移行することになる。『小倉百人一首』における後鳥羽院の「人も惜し人も恨めしあぢきなく世を思ふゆゑにもの思ふ身は」や順徳院の「ももしきや古き軒端のしのぶにもなほあまりある昔なりけり」といふ大御歌も、まさに朝廷の衰微を憂ひた御製であると拝し奉る。

しかし、みやびは衰微したけれども喪失したわけではない。蓮田はその衰微した姿に哀れさを感じて憤ってはゐるが、みやびは侘びのなかに守られて存在し続けたとしてゐる。そして、それを守ってきたのは詩人たちであるといふ。つまり、みやびは文化のなかに生き続けたのだ。

「みやび」とは実にまたただ藤原氏的なとまり方でなくて、実は私の友人達が次第に明らかにしてきてゐるやうに、藤原氏的な政治的経論を討ち彼等をさへ遂に「みやび」にあやからしめ尽したしたたかなものが「みやび」でもあつたのである。在原業平と紀貫之、伊勢物語と古今和歌集を考へただけでもこの事は明瞭に言はれる。上にしては万葉集、下にしては芭蕉の風雅に貫いて「みやび」はそれであつた。所謂後世意の表通りの知解では、この「心」ある「みやび」は見えないのである。（蓮田善明『忠誠とみやび』「みやび　四」）

在原業平と紀貫之、『伊勢物語』と『古今和歌集』または『万葉集』がみやびといふのは感覚としてわかる。みやびは王朝時代に最も発展を促されたからである。しかしその後、みやびは衰微してしまふ。芭蕉といふとみやびではなく、侘びといつた印象が強いのだが、先ほど確認したやうに、みやびは侘びのなかで存続してゐたのである。日本の文化の中心は常に神や天皇なのだ。保田與重郎の「後鳥羽院以後の隠遁詩人」といふ考へは、蓮田のみやびは侘びのなかで存続したといふ考へと同じではないだらうか。

「みやび」は、言ひかへるならば、皇神のみこころとてぶりは、めぐみとして民の心々に滲み透つて血肉になつて芽ぐみ生きてゐるので、大君は民のこころを御心ひとつにいたはりたまひ、民は思ひと思ふことに禽獣や「えみし」心をはらつて「みやび」がちなのである。尊皇攘夷といふのは、さういふ最も自然なことなので、また尊皇攘夷といふその最も自然なことの心に、愉しい天地をあげての雅心が大らかに息通《いきどほ》つてゐるのである。（前掲書「みやび　五」）

皇神の御心と手ぶり――つまり、みやびは国民の心に滲み透つて血肉となつて生きてゐる。それは、国民は誰もがみやびな心を持つてゐるといふことである。国民はみやびな心を持つてゐるから、えみし心を払はうとする。これが尊皇攘夷である。みやび心は実は尊皇攘夷と結びついてゐる。すなはち、「みやびが敵を討つ」のである。そして、その尊皇攘夷は日本人にとつては自然な心なのだ。

倒幕維新後、大御手ぶりは興つたであらうか。有識学は興つたであらうか。大御手ぶりの有職学の代りに開化の敗北主義的堕風俗が世を風靡した。それに対しては九州の一隅で神風連敬神党が皇国の手ぶりを、神意の「うけひ」と、いたましい自決の形で示したにすぎなかつた。かくて今日の風俗を「文化」といふのである。併しさういふ「文化」の代りに、大御手ぶりの「みやび」が興らねばならない。だが今も尚ほそんなことは、民俗学としてか、気疎い閑暇の空想か、骨董趣味としてしか迎へられない。（蓮田善明『本居宣長』「有職の学」）

有識学とは朝廷のことについて学ぶことなので、みやぶことである。蓮田が求めてゐたのは、おそらく王朝時代の文化から発展する文化のみやびだつた。蓮田は明治維新後に国風文化が興らなければならなかつたと考へてゐたが、実際には残念ながら蓮田が望んだみやびの国風文化は興らなかつた。みやびではなく、西洋化とか近代化とかといふ文明開化が世を風靡し、それを文化と呼んでゐた。鹿鳴館時代がその最たる時代である。さういふ時代状況のなかで唯一みやびを示したのが熊本敬神党（神風連）であり、神風連は神意のうけひといたましい自決といふ形でみやびを示したと指摘してゐる。しかし、このやうなみやびは昭和のはじめでさへ空想か骨董趣味としてしか見られてゐなかつた。現在もやはり、神風連のやうなみやびは空想か骨董趣味としてしか見られないことが多いだらう。

熊本で生まれ育つた蓮田は、神風連について見聞する機会があつた。中学校のときには石原醜男《しこを》から神風連の話を聞いたり、神風連の史跡をめぐつたりしてゐたやうである。石原醜男は神風連幹部であり、神風連敗北後に自決した石原運四郎の遺子である。

私ども中学の子どもであつた時、神風連一党の墓地桜山に参拝したことがある。おぼろげな記憶で、何か特に祭式でも執り行はれた時であつたやうな気がする。それは学校として参拝したのであるが、石原先生の何か異常な慷慨に引きずられて其処に行つて拝ませられたといふやうな、妙な印象がある。恐らくその祭を記念してか、学校で石原先生の講話でも前以て聴かせておいたのかもしれぬ。しかし幾らか上級生の時、普通の講授中にも先生の口から神風連の話は伺つたことがある。

「電線の下ば通る時や、かう扇ばばつと頭の上に広げて――」と話されたのも石原先生ではなかつたらうか。すると既に洋服を着て英語を習つてゐる我々少年は、どつと笑つたものである。それは何ら嘲笑ではなかつた。驚きであつた。少年時代には、をかしいことでなくとも、珍しいことは、笑ふのである。しかしこれは先生の面に何か当惑した表情を浮べさせたやうな記憶がある。しかしこの電線の下を通る時の話は石原先生の話ではないといふことも他できかされたこともあるが、私の記憶には他の誰とも思ひつけないので、うろ覚えとして記しておくだけだが、私にはこの話がずつと、非常に清らかな、そして絶対動かせない或るものを、今日まで私に指し示すものとなつてゐる。（蓮田善明「神風連のこころ」）

熊本敬神党が電線の下を通るのを避けてわざわざ遠回りしたり、どうしても通らなければならないときは頭上に扇を広げて電線の下を通つたといふ話は有名だ。また、どこまでが事実かわからないが、金銭のやりとりは穢れるからと箸を使つて行つたといふ逸話や、洋服を来た人物と出会ふと塩で身を祓ひ清めたといふ逸話もある。明治末期から昭和にかけてさへ、このやうな話は昔の滑稽な伝説として扱はれてゐたのだらう。しかし、蓮田はその精神に何かしら感ずるものがあつた。少なくとも中学生の蓮田はそれを滑稽とは受け止めず、清らかな絶対動かせないものとして受け取つてゐる。後にはこれこそがみやびに通じるものとなつていつたのだらう。

神風連の変は明治九年で蓮田の生年は明治三十七年なので、蓮田にとつて神風連はリアルタイムではなかつた。生まれるずつと前の歴史である。神風連に感じた非常に清らかな、絶対動かせないものと同様のものをリアルタイムに感じたのは、乃木夫妻の殉死だつたのではないだらうか。乃木夫妻の殉死は蓮田善明九歳（数へ）のときである。昭和天皇の崩御は私が九歳（数へ）のときで、昭和天皇の崩御のことはしつかりと記憶に残つてゐる。明治天皇の崩御のすぐ後に乃木夫妻の殉死も続いてゐるので、当時の人たちはもつと鮮明に記憶してゐるはずであり、蓮田のやうな豊かな感性であればなほさらであらう。

現《うつ》し世を神さりましし大君のみあとしたひて我は行くなり
乃木希典

出でまして還ります日のなしときく今日の御幸《みゆき》に逢ふぞ悲しき
乃木静子

右二首、言ふまでもなく将軍夫妻の辞世の歌である。私は思ふところあつてこの二首を以てこの興国の百首最後とすることを「まへがき」にも断つておいた。かの小倉百人一首も　順徳上皇の「百敷や古き軒端のしのぶにもなほ余りある昔なりけり」がその最後となつてゐる。いささかこれに倣つて現代への諷言ともしたかつたからである。

将軍夫妻の実に忠誠一念乱れざるこの処決は、単に夫妻の精神を語るのみでなく、その後の日本の魂を忘れて彷徨した悲しむべき時代に対する最も厳しい批評であり慷慨であると信ずるからである。今日の戦争と、そして若し真に今日の和歌があるとするならばその和歌とは、単に対外的にのみでなく、実に我等自らに向つてもまた痛烈な憤りでなければならない。

大正元年九月十三日、御大喪の轜車御出門の砲声を聞きながら、明治天皇の御尊影の前にこの辞世を恭しく供へて、夫妻はうち揃つて自刃した。まことに荘厳な事実である。

（蓮田善明『忠誠心とみやび』「興国百首」）

『小倉百人一首』の最後に順徳院の御製が配置されてゐることに倣つて、蓮田は「興国百首」の最後に乃木夫妻の辞世を配置し、現代への諫言とした。順徳院の御製は朝廷が衰微してしまつた現状への悲しみと憤りと拝し奉る。つまり、みやびが衰微してゐることへの悲しみと憤りである。この御製を『小倉百人一首』の最後に配置してゐるといふことは、藤原定家も朝廷の衰微を嘆き憤つてゐたといふことであらう。蓮田が乃木夫妻の辞世を興国百首に配置した理由も、やはりみやびが衰微してしまつた現状を悲しみ、憤るからである。すると、蓮田は衰微してしまつてゐたみやびを現代に示したのが乃木夫妻の殉死だつたと考へてゐたといふことになる。

蓮田は神風連の自決、乃木夫妻の殉死にみやびを見てゐた。このことから、蓮田の考へるみやびのなかには「死」や「自決」といふ概念があつただらうと推測される。そこで、次は蓮田の死生観を探つてみたい。

死は文化

蓮田善明が死と向き合つてゐたのは若いころからであり、それは学生時代の闘病体験に基づくものであらう。小高根二郎著『蓮田善明とその死』（島津書房）によると、蓮田は大正九年九月の同人誌『護謨樹』の二十六号で「『人生とは何ぞや』よりも『如何に生くべきか』の問題である。『如何に生くべきか』の解決には『如何に死すべきか』を解決し得る所に生る、結果である」と記してゐたさうである。蓮田善明は十七歳のときにすでにいかに生きるべきかを考へることはいかに死すべきかであるといふ考へを発表してをり、生と死は表裏一体であることを指摘してゐる。

若人は死に臨んで「百伝ふ磐余《いはれ》の池に鳴く鴨を今日のみ見てや雲隠りなむ」と、「生」と「死」を恐ろしいまでに識別してゐる。更に言へばこれほどに「死」をリアリスティックに見つめたものはこの皇子以外に嘗てない。この死に吾を死なしめてゐる。この「死」

に吾を迫めて「生」を鳴くものを見てゐる。此の詩人は今日死ぬことが自分の文化であると知つてゐるかの如くである。（中略）

私は、かゝる時代の人は若くして死なねばならないのではないかと思ふ。我々の明治の若い詩人たちを想ひたい。それは世代の戦ひである。かういふ若い死によつて新しい世代は斃れるのでなく却つて新しい時代をその墓標の上に立てるのである。（中略）此の若い皇子は恐らく本心皇位をうかゞはれたのではない。それはこの皇子の文学にすぎない。それはこの皇子の現実のすべてではない。寧ろ遠い神威への哀惜であらう。（蓮田善明『神韻の文学』「青春の詩宗―大津皇子論―」）

大津皇子は天武天皇の第三皇子で、漢詩の優れた才能を持つてをられた。天武天皇崩御後、皇位をうかがつてゐるのではないかと謀叛の意があるとの疑ひをかけられ、自邸で自決して薨ぜられた。

蓮田は、若い死によつて新しい時代を打ち立てていくのだとしてゐる。世代間には戦ひがあり、若い死によつて古い時代を破り、新しい時代を立てていく。大津皇子は生と死をはつきりと識別して、若い死が新しい時代を打ちたてることを認識してゐたのだといふ。蓮田は、大津皇子は「今日死ぬことが自分の文化であることを知つてゐるかの如くである」と指摘してゐる。つまり、大津皇子の自決は新しい文化を打ち立てるためであり、皇子はそのことを知つてゐたのではないかといふことである。大津皇子は辞世で死を「雲隠れ」と表現してゐる。もちろん、これは大津皇子独自の表現ではなく、一般的に用ゐられてゐる表現である。死と雲とが関連してゐることを示してゐるのだが、これは後ほど触れたいと思ふ。

死んだ人の口まねをしても文学が新生するわけではない。文学が新生するのはその事自身からでなく、あくまで悠久な文学の古道自らが魂振《たまふり》をする事なのであつて、その日本の古道はそれ自身衰萎《ねび》る時は死に瀕する事をさへ経験しなければならないが、日本の歴史の道に於ては、決して断絶的に絶えることはない。唯死に絶えはしないが、死とひとしい仮死的な危い難しい経験があるのである。天石屋戸隠れや、神武天皇御東征の折の「をえ」の事、崇神天皇の時の神人分離からの「疫病多《さは》に起り人民《おほみたから》死せて尽きなむと」した事等皆然るのである。そこには新しく出会する異国風のものが憑いたりしてゐるが、それはそれ自身が新しい生命の主体となつて変つて始まるのではない。それは古い生命の衰萎をふり起し新しくする心を誘ふけれども、それ自身はその役をつとめると共に、古風の死滅の代りにそれ自身が死なゝければならないのがその定めである。その死の後、まことの古風は、犠牲の屍の中から、やはり絶えたかと見えた古風のいきどほり以て衛られつゝ、その犠牲の屍を払つて生ひ出でゝくるのである。（前掲書「志貴皇子」）

先ほど、蓮田は若い死によつて新しい時代が打ち立てていくのだとしてゐた。しかし、今までのものを全否定して新しい時代が生まれてくるといふことではない。何かしら核となつてゐるものがあり、その核は変はることはないといふことだ。つまり、革命ではなくて復古維新である。新たなる文学、新たなる時代のためには死に瀕する経験が必要だが、それは死に絶えるといふわけではない。仮死状態に陥ることにより、復古維新が起こるといふのである。蓮田は、わが国において仮死状態にさせるものは異国風のものが多いが、異国風のものが新たなる時代や文学の核になるわけではないとしてゐる。異国風のものによつて復古維新の心が勃興し、絶えたかと思はれてゐた古風は異国風のものの死のなかから新たに復興してくるのである。

蓮田は天石屋戸隠れや神武天皇の御東征のとき、そして崇神天皇の神人分離を例に挙げてゐる。なほ「崇神天皇の神人分離」は「神皇分離」のことであらう。一般的に「神人分離」は日本武尊のときとされてゐる。天照大御神が天石屋戸にお隠れになつたことから、世の中は闇となつてしまつた。これが死に瀕する危機である。そこから再び天照大御神に石屋戸からお出ましいただき、光を取り戻し、甦るのだ。神武天皇の御東征では熊野村に入られたときに天皇《すめらみこと》も皇軍《すめらみいくさ》も皆正気を失ひ倒れてしまつた。『古事記』には「惑《を》えて伏しき」とある。おそらく「をえ」とはこのことかと思はれる。その後、高倉下が天照大御神と高木大神より賜つた太刀を持つてきたことにより、天皇と皇軍は正気を取り戻される。仮死状態から甦つたのだ。崇神天皇の御代には多くの国民が疫病で亡くなつてゐる。そこで崇神天皇が神意をうかがつたところ、夢に大物主大神が出てこられ、「意富多多泥古《おほたたねこ》に私を祭らせれば国は安らかになる」とおほせになつた。そこで、崇神天皇は意富多多泥古を探しだし大物主大神をまつり「これで国民は栄える」とお喜びになられてゐる。死に絶えたかに思はれたかの状況を打破して再び栄えたのである。

他にも例を挙げてみよう。万葉の時代の初期は和歌が宮廷儀礼の中心であつた。ところが、異国風の漢詩の流入にともなひ、和歌は宮廷儀礼の中心からはずれていくことになる。そして和歌だけでなく、生活や文化面においても貴族たちは唐風《からぶり》を好むやうになり、国風《くにぶり》は仮死状態となつた。そのときに唐かぶれを打ち破らうといふ精神が生まれ、そこから異国風のものを討ち破り、勅撰の和歌集として『古今和歌集』が編纂されて、和歌は再び息を吹き返すことになる。そして国風文化が打ち立てられていくのだ。

また、江戸時代の国学のはじまりもやはり同様であらう。幕府は朱子学を正学とし、朱子学が世間に広まつた。本居宣長はそれを漢意《からごころ》として、漢意を削ぎ落とすことによつて本来の日本人の心である大和心がわかるのだとした。まさに国風のものが仮死状態におかれて異国風のものが世の中に満ち溢れたとき、国風のものを取り戻さうといふ気概が起こり、異国風のものの犠牲の上に新たに国風のものが生まれ出でくるのである。そして、国学は水戸学や崎門学と並んで、明治維新の基礎を築く思想的原動力になる。

昭和の「日本への回帰」も同じである。明治維新後、蓮田が嘆いてゐるやうに国風文化は興らず、文明開化で西洋近代化していくなかで国風文化が廃れていく。そのやうなときに、もう一度わが国の神典や古典を取り戻さうとして起こつてきたのが「日本への回帰」であり、それを一番強烈に打ち出した文学運動が日本浪曼派である。

生と死は表裏一体である。死を考へるといふことは生を考へることに必然的につながつていく。死と対面することによつて文化が新たに甦る。すなはち、死は文化なのである。清水文雄は、みやびは「抱愛と拒絶、やさしさときびしさ、この相表裏する二つの契機を内包する」としてゐたが、生と死といふ相表裏する二つの契機も内包してゐるのだ。

私に対しては「死ね」といつてくれる人が最も私を知つてくれるものとしてうれしいのである。（蓮田善明『恋のらくがき』「或る一身上のこと」）

蓮田は「死ね」と言はれることを望み「死ね」といふ言葉を求めた。その死によつて、国風文化であるみやびを生かしめることになると考へてゐたからだ。そして、「死ね」といふ声を聞いた英雄として日本武尊を発見したのである。

倭建命は御帰京あるや、天皇は御労苦を犒《ねぎら》ひたまふ間もなく東国十二道の征討を命じたまうた。この勅命を承けて倭建命は御姨《みおば》の倭比売命《やまとひめのみこと》に「天皇はやく吾を死ねと思ほすらむ」と患《うれ》ひ泣いて出でましたと伝へてゐる。可憐にして而も討てとの大御言に黙として立ちたまふ決心がある。（中略）
まことに「死ね」との大御言と自ら決意したまうた皇子の、太刀を思ひつつ身まかり給うた御臨終はそのまま白玉のやうに美しい。しかも又その堅い御決意の中に、あの思《くに》国《しぬび》の御心がらうらうと玉の中に透く光りのやうに生きてゐて、あまりな美しさに人をしてなげかしめる。（蓮田善明『花のひもとき』「倭建命」）

日本武尊は、大津皇子、志貴皇子、神風連、乃木大将と連なる、死は文化であるといふ思想の原点的存在であらう。日本武尊は天皇から「死ね」とのみことのりを賜つたわけではない。日本武尊がそのやうに感じて倭比売命に嘆かれたのである。蓮田は、「死ね」といふみことのりを賜つたのだと日本武尊自らが決意されたのだと考へてゐる。すなはち、日本武尊が聞いた「死ね」といふ声は、日本武尊御自らの声といふことになる。蓮田は大津皇子を「此の詩人は今日死ぬことが自分の文化であると知つてゐるかの如くである」としたが、死ぬことが文化であるといふことを決定づけたのは日本武尊なのかもしれない。

戦争は唯人を殺し合ふのではない。我を殺す道であつた。文学は人を唯頽廃せしめるのではない。「死ね」と我に命ずるものあり。この苛酷なる声に大いなるものの意志が我に生き及ぶのである。戦争とか死とかに関する此の年頃の安物の思想で愚痴るなかれ。この「死ね」の声きく彼方こそ詩である。我々は戦争に於て勝利は常に信じきつてゐる。そんなことを気づかつて攻撃しない。我々は己の死すべき（決して生物的な生命を惜しみ愛するのではない）場処をひたすらに想ふのである。弾丸に当る。眼くらみて足歩み、斃れんとして足下に一土塊、一草葉を見る、或は天空に一片の雲を見ん。此の土塊、草、雲、即ちそれ自ら詩である。究極の冷厳、自然そのもの。併し生命を踏み超えて凍つた精神である。（蓮田善明『鷗外の方法』「詩のための雑感」）

蓮田善明は日本人の戦争に文化を感じてゐる。日本人は戦争で人を殺すのではなく我を殺すのだといふ。そして、戦争でつひに「死ね」といふ声を聞く。この「死ね」といふ苛酷な声を聞いたとき、蓮田のなかに大いなる意志が生きおよぶのだ。そして、その「死ね」といふ声を聞く彼方こそが詩であるといふ。それは「死ね」といふ声を聞く彼方に文化があるといふことであらう。死は文化であり、文化の中核にあるのは「みやび」である。「死ね」といふ声の彼方にあるのは「みやび」である。この思想は蓮田の自決の根源になつてゐると考へられる。

では、この蓮田に「死ね」と命じたのは誰か。この部分の推敲前の文章であらうと思はれる部分が「応召日記」に書かれてゐる。

自分は応召して、戦争と文学とを犇々尊むにいたつた。戦争は唯人を殺し合ふのではない、文学は唯人を頽廃せしめるのではない。両方ともに人生に対して苛酷なる経験なり。而して——恐らくこんな死と廃頽とを通して、戦争と文学とを通して精神の理想を建設しうるとの信念と経験とを有するは日本人のみなるか——精神の帝国を築く。この芳醇なる経験に「死ねよ」と我が意志は我に命ず。「死ねよ」とは大いなる意志の我に生き及ぶ刹那の声なり。

妻よ、子よ、希くは我がこの心を——この日本の心をしれかし。

戦争とか死とかを、この年頃浸潤してきた安物の思想で思ひちがひ愚痴てはならぬ。さうした思想（？）への革新だ。我々の文化の新生だ。（蓮田善明「応召日記」）

「死ね」と命じたのは蓮田自身だ。日本武尊が自分自身に「死ね」と命じたのと同じやうに、自分の意志が自分自身に「死ね」と命じたのである。蓮田は応召となり戦争と文学を尊ぶやうになつた。現在は戦争といふと悲惨な体験しか語り継がれないことが多いが、大東亜戦争当時は蓮田のやうに戦争を尊んでゐた者も少なくはなかつたのではないだらうか。または、このやうな思想を抱いて戦争に赴いた若者も多かつたと思はれる。それが、日本浪曼派が戦後の文壇から忌み嫌はれる原因になつたのかもしれない。

蓮田は戦争と文学を並記し、その両方ともが苛酷な経験であり、日本人はその経験を通して精神の理想を達成させようとしてゐるのだと考へてゐる。そして、その苛酷な経験をすることによつて、自分自身が自らに「死ね」と命じ、その瞬間に大いなる意志が生きてくるのだ。戦後の文壇で、戦争と文学を並列にして、このやうな評価をした文学者やジャーナリストはおそらくゐない。しかし蓮田は、これこそが日本の心であるとし、それによつて文化が新生するといふのである。

当時は多くの日本人が大東亜戦争を聖戦と捉へてゐた背景には、このやうな思想があつたのではないだらうか。少なくとも、日本浪曼派が戦つてゐた大東亜戦争にはこのやうな思想があり、大東亜戦争は紛れもなく聖戦であつた。そして、蓮田は大東亜戦争によつて新たな文化の新生――すなはち明治維新後興らなかつた国風文化を興さうとしてゐたのである。国風文化を興すためには、かつては大津皇子が「今日死ぬことが自分の文化であると知つてゐ」たやうに、蓮田も自らが死ぬことが必要であることを知つてゐたのであらう。


私は死を単に無と思はず、死を信ぜず、死の彼方に人間以上の生命を信じ、私は進みやみたくないからである。（蓮田善明「私の墓」）

「日本を日本の眞姿に戻して、そこで死ぬのだ。生命尊重のみで、魂は死んでもよいのか。生命以上の價値なくして何の軍隊だ。今こそわれわれは生命尊重以上の價値の所在を諸君の目に見せてやる。それは自由でも民主々義でもない。日本だ。われわれの愛する歴史と傳統の國、日本だ」といふ三島由紀夫の檄に通じるものがある。三島は蓮田の精神を受け継いだのだらう。蓮田は死の彼方に人間以上の生命を信じてゐた。人間以上の生命とはもちろん神や国のことであらうが、蓮田は雲を通して神や国を見てゐたやうである。

雲なるくしび

雲は死と深い関はりがある。国とも深い関はりがある。先ほど少し触れたが、大津皇子の辞世は「百伝ふ磐余《いはれ》の池に鳴く鴨を今日のみ見てや雲隠りなむ」である。

死の際《きは》に於て、雲を見てゐるといふのはたしかに古代から日本人のしてゐることだといふ、漠然たる思ひのつながりをもつてゐたことに気づいたのである。（蓮田善明『神韻の文学』「雲の意匠」）

蓮田は、日本人は古代から死に際して雲を見てゐたのだといふ。日本武尊が御臨終を迎へるときに詠んだ歌の一首は「愛《は》しけやし吾家《わがへ》の方《かた》よ雲居起《くもゐた》ち来《く》も」で、日本武尊も死に際して雲を見てゐたやうで、雲を詠みこんでゐる。

雲――この形定まらず、あくまで定形や定律を否定しつゞける雲も、唯形成以前のつかみどころのない茫漠でなく、生命の根元の非常に美しいものをあらはしてゐると私には信じられてならなかつた。（同）

蓮田は雲に生命の根元の非常に美しいものを見てゐる。それは一体何か。

皇国人《みくにびと》はしつてゐる。萌ゆる雲を。

その雲は併し人為や人の気のみだれなした混沌ではない。全く別なものである。神のうるはしいくしびを素直にさして雲といふのである。神をまことに見るとは、決してあの神のことを何も彼も合理的に知りつくしたやうに言ふあの智慧ではない。神をくしびと仰ぐものこそ真に神を知るもの故、皇国人はあの外つ国々の所謂宗教のやうな、あのあらはな龍の図や仏像のやうな、神の描き方はしなかつた。むしろ雲を以て、神のくしびさのみを想ひ見た。儒仏教等が、理の限りをつくして皇国人の想ふその雲なるくしびをまんまと排《ひら》いてしまつた時、皇国人は驚いて彼等の強ひる擬神（天や仏）を目もくら

んで拝しもした。しかしあくまでやまとの歌人は

　皇《おほきみ》は神にしませば天雲《あまぐも》の雷《いかづち》の上に廬《いほり》せるかも　――柿本人麿

と歌つて、やまとのたましひを保守してやまなかつたのである。儒教はすめらみことを君臣の名分を以て教へようとした。しかし皇国人はあくまで「雲の上」として仰がうとした。（同）

日本人が知つてゐる萌ゆる雲とは、神の不思議さを指してゐる。日本人は神の全貌を明らかにしない。いや、明らかでないからこそ神といふのである。不思議であやしいから神なのだ。本居宣長は神を次のやうに定義してゐる。

凡て迦微《カミ》とは、古《イニシヘノ》御典等《ミフミドモ》に見えたる天地の諸《モロモロ》の神たちを始めて、其《ソ》を祀《マツ》れる社に坐《スミ》御靈《タマ》をも申し、又人はさらにも云《ハ》ず、鳥獣《トリケモノ》木草のたぐひ海山など、其餘何《ソノホカナニ》にまれ、尋常《ヨノツネ》ならずすぐれたる徳《コト》のありて、可畏《カシコ》き物を迦微《カミ》と云なり、【すぐれたるとは、尊《タフト》きこと善《ヨ》きこと、功《イサヲ》しきことなどの、優《スグ》れたるのみを云に非ず、悪《アシ》きも奇《アヤ》しきものなども、よにすぐれて可畏《カシコ》きをば、神と云なり、（本居宣長『古事記傳』「神代一之巻」）

やはり神とはくしびなのである。

蓮田善明は、支那のいたるところにある龍の絵や像はいやらしい位刻明に写実風に造られ描かれてゐるが、日本画の龍には雲の間からちらちらと体の一部をのぞかせてゐるだけだといふ。日本画の多くには雲が描かれてゐる。社寺の全体を描いた図や曼荼羅なども多くは雲が描かれてゐる。洛中洛外図屏風や源氏物語絵巻物にも雲が描かれてゐる。雲を描くことで神の不思議さを表現し、神の尊さを感じることができるのだ。蓮田は、推古風の写実的になり雲が描かれなくなつた天平仏からは尊さが感じられないといふ。日本人は雲を通して、雲の向かう側に神を見るからだ。

西洋人は形定まらず定形を否定しつづける雲に、禍や混沌《カオス》を感じるやうである。蓮田は西洋人にとつての雲は、神を人から遮り、人の理性を以て、擬神的な形而上学的な形相の膜を形成させるにすぎないとしてゐる。

日本人は西洋人とは違つて、雲に禍や混沌を感じるのではなく、不思議な神秘性を感じるのだ。日本人にとつての雲は、人と神を遮る障碍物ではない。雲の向かうに神を見ることができる。雲は神と人とをつなぐ架け橋であらう。日本神話では要所要所に雲が描写されてをり、まさしく雲が神と人をつなぐ架け橋であることが実感できる。三種の神器の一つである草薙剣は、八岐大蛇の尾から出てきたときは雲がかかつてをり、天叢雲剣と呼ばれてゐた。神剣ゆゑにやはり雲がかかつてゐるのであらう。天孫降臨のときには八重棚雲を押し分けて稜威の道を別き別きて高千穂に天降りなされる。この場面は神話のなかでも特に神秘的な場面である。

そして柿本人麿は、天皇は雲の上に坐しますと詠つてゐる。これは、天皇は神であるといふことを表現してゐる。わが国民は雲の上に神が坐しますと考へてゐるのだ。なほ、かつてはこの人麿の歌の「皇」を「すめらぎ」と読んでゐたやうであるが、現在では「おほきみ」と読むことが定説となつてゐる。

日本人は外国の天や仏も拝みはしたが、天皇については儒学的な君臣関係ではなく、あくまでも雲の上の存在、つまり神として仰がうとする大和魂を忘れることはなかつたといふことを蓮田は指摘してゐる。雲の彼方に神を見る。それはつまり、雲もみやびであるといふことである。蓮田は本居宣長の思想を受け継いでゐるのだ。

その本居宣長は『古事記伝』で豊雲野神の名について記してゐる。

久毛《クモ》とは、彼《ノ》如《クナル》二浮脂《ノ》一物の沌凝《ムラカレコ》り生《ナリ》て、國土《クニツチ》となるべき初芽《ハジメキザシ》なる由を以《テ》いひ（同）

『古事記』には浮脂のやうなものが固まつて国土となることが記されてゐるが、宣長は雲といふのは国土になる前のくらげのやうに漂つてゐたときの状態のものであるとしてゐる。国土として固まる前の浮脂のやうなものが雲だとしてゐるのだ。

一書には豐國主《トヨクニヌシノ》尊とありて、【こは雲野斟渟《クモヌクムヌ》と合せて思ふに、國《クニ》は久毛爾《クモニ》又久牟爾《クムニ》の約《ツヅ》まりたるにて、其爾《ノニ》は宇比地邇《ウヒヂニ》の邇《ニ》と同くて、彼野渟《ノヌヌ》と通ふ言なるべし、さて主《ヌシ》は別に添て尊める稱なり、さて此《ノ》御名に依《ル》ときは、又雲野《クモヌ》などの野《ヌ》も、主《ヌシ》の意にてもあらむか、若然《シ》らば此《ノ》御名の國《クニ》、卽《チ》久毛《クモ》又久牟《クム》などと通ふなり、〇此《ノ》御名に依て思ふに、凡て國土《クニ》と云名は、久毛爾《クモニ》にて、雲野《クモヌ》てふ神名《カミノミナ》と同意にもやあらむ、】（同）

豊雲野神は一書には「豊国主尊」と記されてゐる。「国」といふのは「くもに」の「も」、または「くむに」の「む」が省略された言葉であると思ふと宣長はしてゐる。そして野と主も同じ意味であらうから、豊雲野神と豊国主尊は同じ意味であらうと指摘してゐるのだ。

雲と国が同じ意味を持つ単語であるならば、須佐之男命の「八雲立つ出雲八重垣妻籠みに八重垣作るその八重垣を」の歌は国造りと国防の歌と捉へることもでき、神と国の密接な関係性が浮かび上がつてくる。そしてさらに、日本武尊、大津皇子が死に際して雲を詠み込んだことの大きな意味を発見することができる。それはすなはち、文字通りの思国歌《くにしぬび》だつたのである。雲は国のことと考へると、日本武尊の「愛しけやし吾家の方よ雲居起ち来も」とは愛国の歌ともいへる。

昭和二十一年十一月の「蓮田善明を偲ぶ会」で三島由紀夫が書いた詩では蓮田善明のことを「古代の雲を愛でし君」と表現してゐる。雲を愛でるといふことは、国を愛するといふことも指すと考へることができる。すなはち愛国である。ただし、この愛といふ概念は西洋のラヴでもなければ支那の愛でもない。あくまで日本古来よりの愛であり、日本武尊が「愛《は》しけやし」と詠んだ、美しさに感動するといふ意味の愛であらう。

国風《くにぶり》

それでは、蓮田善明が理想とする国とはどういふ日本だつたのだらうか。

私は此の頃「芸術」に対して芸術の花さくべき意気を問ひつゞけてゐる。われわれの祖先に於いては、それは国振《くにぶり》（古代にいふ「天田振」などの「振」をとつていふ）としてある。このやうに国のいのちの振ひ興つてゐる時、「都」の精神といふものが生々活々のものとなり、「みやこび」又は「みやび」として芸術が意気以て花さいてゐる。それはたとへば平安朝の如く優柔と見られても、仔細に省みれば、古今和歌集の如きが国振《ぶり》の復興として「やまと魂」を詩品にまで化したその成跡は、実に今日まで日本人の雅情として拭ひ去ることのできないものを打ち樹てたのである。（中略）

　いかならむことある時もうつせみの人の心よゆたかなれ、と拝して、天皇御一人がまさしく天地とともに古いわが国ぶりの正統を知りたまうて、雲の上より示したまうてあつたことに恐懼にたへない。（蓮田善明『神韻の文学』「枯野の琴」）

国風とは、国のいのちが振るつてゐることと蓮田善明は定義してゐる。そして、そのときにはみやびが活性になつてをり芸術が花咲いてゐる。国のいのちが振るつてゐる状態といふのは多くの日本人が神のやうな生活をして、神のやうな心が前面にあらはれてゐる、国中がみやこになつてゐる状態である。国のいのちが振るつてゐることが国風なので、国風でない状態といふのは瀕死の状態や仮死状態ではあつても、国のいのちが死滅したといふわけではない。また、蓮田善明も天皇をやはり雲の上の存在として見てゐる。

何人一人たりとも日本人が皇民でなかつた日はないのである。これが日本の国柄である。万葉集に、みたみわれ生けるしるしありとは、この国柄に目覚めた歓喜であつて、今は国が栄えてゐるから生ける甲斐ありと諷誦したりしたそんな低いものでないひびきがこもつてゐる。このやうに国柄に目覚めていのち振るひ起る文学を国振《くにぶり》といふのである。

（前掲書「養生の文学」）

このころは林房雄の転向が本物か偽りかの議論が起こつてゐた。この文は林房雄の転向についての一文である。蓮田は、皇国民であることにも気がついてゐるかゐないかだけであり、皆皇国民であるとしてゐる。日本人として生まれたからには全員が陛下の御稜威を受けてをり、そのしるしがあるのだ。皇国民であることに気がついた万葉びとは「みわみわれ生けるしるしあり」と表現した。みたみわれとは君民一体のわが国柄のことであり、それは最もみやびな状態である。国民にはみやびが血肉となつて染み透つてゐる。そのことが「みたみわれ生けるしるし」である。国が栄えてゐようがゐまいが、この生けるしるしに気がついただけで大きな喜びを得られる。それがわが国柄である。

みやびが敵を討つ

これらのことを念頭におきつつ、蓮田善明の最期を考へてみたい。すなはち、蓮田善明はなぜ自決しなければならなかつたのか、またはなぜ自決したのかといふことである。

まづは自決までの状況を『蓮田善明全集』で小高根二郎が執筆した「解説」を参照しながらまとめてみる。

蓮田たちの部隊はマレー半島のジョホール・バルで敗戦を迎へる。敗戦になつたとはいへ熊本部隊の士気は盛んだつた。万が一、武装解除が連合軍の手で行はれたり、天皇の戦争責任が問はれるならば、板垣征四郎を奉じて戦ふべしといふ意気が燃えてをり、鳥越春時副官の手元には抵抗部隊が編成され、蓮田は大隊長に擬されてゐた。この抗戦の空気を察知してか、中条豊馬連隊長は下士官以上をジョホール王宮に集めて軍旗の決別式を催して訓話をした。その訓話の内容は敗戦の責任を天皇に帰し、皇軍の前途を誹謗し、日本精神の壊滅を説くものであつたといふ。この集会が終はると蓮田善明は崩れ落ちて膝を床につき、両腕で秋岡隆穂大尉の足を抱いて「大隊長殿、無念であります」と叫んで哭泣した。これが八月十七日のことである。

その二日後の八月十九日、蓮田は完全軍装で副官室を訪れ、鳥越と話をした。そこに沖縄出身の補給中隊の二人が自決したといふ連絡が入つた。蓮田は「まだ話がある」と言つたが、鳥越は「待つてゐてくれ」と言つて急遽出かけた。十一時半過ぎに鳥越が戻つてくると、蓮田はまだ副官室で待つてゐた。この間の時間、蓮田は中条を諌めてゐたともされてゐるが、真偽はわからない。昼になるので、蓮田と鳥越は河村大尉、田中大尉、高木大尉、塚本少尉らと会食。この場で、高木が中条の訓話を肯定する発言をしたために蓮田と論争になつたが、田中が間に入りいつもの談話に戻り、つつがなく会食を終へた。その後、連隊長以上は新王宮に集まり閑院宮春仁王より終戦の聖旨が伝達され、軍旗を焼却することになつてゐたので、その準備を整へるために鳥越らは部屋を出る。このとき、蓮田は鳥越に「連隊長殿はいつお出かけですか」と訊ねて、鳥越は「もうすぐ乗用車で出発される」と答へてゐる。

やがて、軍旗を捧持する塚本を従へて中条が階段を降りてきて玄関に向かふ。そこで乗用車の運転手が扉を開いたところ、蓮田善明が「国賊」と叫ぶとともに二発の銃弾を発射して中条を射殺した。その後、蓮田は小走りで玄関前の築山へ向かふ。一度途中で立ち止まると拳銃の筒先をコメカミに当てて引き金を引いたが不発だつた。蓮田は築山に駆け登り再び拳銃をコメカミに当てて引き金を引き、自決した。左手には軍用葉書を握りしめてをり、そこには「日本のため、やむにやまれず、奸賊を斬り皇国日本の捨石となる」といふ意味の和歌が記されてあつたやうである。しかし、軍用葉書は憲兵隊に没収されたまま行方不明になつてゐる。

　蓮田善明が中条を射殺した理由については、小高根二郎が『蓮田善明とその死』で取り上げてゐる。

> なぜ上官の上条《（ママ）》大佐を射殺せねばならなかったのか？　その原因を丸山は次のように推理している。
>
> 　上条《（ママ）》大佐は対馬の出身で金某という別姓名を持っていたのである。（中略）又、大佐は終戦のニュースを伝達するため連隊の下士官以上をジョホール王宮に集めた際、職業軍人としては誠に許すべからざる言辞を、皇室と国体に対して弄したのである。その言辞は具体的には紹介されていないが、「天皇戦犯論」「日本混血論」ぐらいであろうことは想像がつく。
>
> つまり、上条《（ママ）》大佐は如上の来歴から、戦況が不利になるにつれ通敵行為をして、自己の

身命の保全だけをはかった卑劣漢だった……というのが丸山の結論である。（小高根二郎『蓮田善明とその死』「第一章　死の謎」、島津書房）

丸山学は鳥越春時から当時の状況を聞いて、『日本談義』に「蓮田善明の死」として記してゐる。対馬出身で金といふ別姓を持つてゐたといふ情報から、中条は朝鮮人であると連想し、そこから通敵行為があつたと推測したのだ。しかし、後の松本健一の調査によつて、中条は朝鮮人でないことが判明してゐる。たしかに中条は対馬出身で、養子に入つてをり、養子に入る前の苗字は「陳」であつた。松本健一の調査に対して遺族である中条武夫は「父（中条豊馬）が少年のころ聟入りしたというのは事実ですが、朝鮮からではありません。大分県の宇佐郡からなのです。対馬といえば朝鮮が連想されるのと、その元の姓も関係しているのでしょうね。元の姓は、陳豊馬というのです。宇佐郡の陳家は、三百年とか四百年さかのぼれば、朝鮮か中国かわかりませんが、もともと大分の百姓です。戸籍もきちんとあります」と答へてゐる（松本健一『蓮田善明　日本伝説』）。そして、通敵行為については推測でしかない。

不敬発言については、そのやうな発言がなければ、そのことを秋岡隆穂大尉が指摘すると思ふが秋岡は反論してゐないし、蓮田が崩れ落ちたときの様子を小高根に語つてゐる。すべてが証言ばかりでどこまで正確なのかはわからないが、これらの証言から考へると、やはり何かしらの不敬発言はあつたと考へる方が適切だと思ふ。

なほ、小高根は丸山学の「蓮田善明の最後」を基本とし、不明なところを鳥越からの教示で加筆し、さらに黒田稔の記憶と後藤包の「故蓮田善明中隊長を偲ぶ」で補ひ、相互に矛盾するところを小高根が訂正補修して蓮田の最期を記したといふ（『蓮田善明全集』「解説」）。

蓮田が中条を射殺した理由は中条の不敬発言であると考へていいだらう。

では、なぜ蓮田善明は自決しなければならなかつたのか。その思想的意義は蓮田善明自身が端的に説明してゐるやうに思はれる。

神風連は実際は敵らしい敵を与へられてゐないともいへる、に拘らず彼等は何が敵であるかをはつきり知つてゐた。ここに神風連独自の行動が現はれてゐる。

彼等は完全に敵の形を取つたものを討てと命ぜられたのでないために、客観的に批評すれば、わけもなしに歩兵聯隊に切り込み、又当然武器から言つても数から言つても時勢から言つても不利無謀な事を挙げたのである。言はば空な討ち方であつた。そしてその刃は又彼等自ら討つべきものを討つたことに殉じて死ななければならないことも、彼等は知つてゐた。これは高本順を日本人となるのでなければならないとさせたあの精神にひとしい。日本人である思想そのものなのである。（蓮田善明「神風連のこころ」）

高本順《したがふ》とは高本紫溟《しめい》のことで、肥後国学の祖として知られてゐる。高本は、自らの祖先は朝鮮人であると公言してゐたやうだ。儒学者だが国学に関心を寄せ、本居宣長を訪ねてゐる。また高山彦九郎とも交流があつた。藩校時習館の第三代教授であり、林櫻園十六歳のときに時習館に通つてゐたこともある。林は十五歳のときに時習館を退校してをり、林櫻園は時習館を退校した高本は帰幽してゐるので接点があつたかなかつたか微妙である。しかし、時習館を退校した林櫻園は高本の高弟である長瀬真幸《まさき》の門下生となつてゐるので、高本の国学は長瀬を通して林櫻園に引き継がれ、さらに太田黒伴雄ら神風連に引き継がれていつたとみていいだらう。

この文の神風連の箇所を蓮田善明に置き換へることができよう。蓮田善明は敵らしい敵を与へられたわけではない。終戦によつて敵を失つてしまつたのである。しかし、中条豊馬の不敬発言があり、何が敵であるかを知つた。そこで中条を討ち、尊皇攘夷を敢行したのである。そして、自らが発した「死ね」といふ声を聞いた。その声を発したのは、今日死ぬことが文化であることを知つてゐたからである。蓮田は討つべきものを討つたことに殉じて死ななければならないことを、もちろん知つてゐた。つまり、蓮田善明は自らを死なしめることによつて、国のいのちを振りおこさうとしたのである。すなはち、自らが死ぬことによつて、国風文化を新生させようとしたのだ。蓮田は最後までみやびを考へ、みやびを貫き通し、みやびに殉じたのである。まさに「かたくなにみやびたるひと」であつた。

同時代にこの精神を示したのは蓮田善明だけではない。戦地に赴いた多くの若者がこの精神を示してゐる。そのなかでも特攻隊員西田高光命は、まさにその精神の言葉を遺してゐる。

山岡荘八に取材を受けた西田は「学鷲は一応インテリです。そう簡単に勝てるなどとは思っていません。しかし負けたとしても、そのあとはどうなるのです……おわかりでしょう。われわれの生命は講和の条件にも、その後の日本人の運命にもつながっていますよ。そう民族の誇りに……」（大野俊康『特攻魂のままに』、展転社）と語つてゐる。まさに国家のために、民族のために今日死ぬことが文化であること——今日死ぬことが国のいのちを振りおこすことを知つてゐたのだ。

昭和二十年八月二十二日には尊攘義軍十名が自決し、その後五日後には夫人三名が自刃し、二名が死亡してゐる。尊攘義軍十二烈士女である。八月二十三日には明朗会の十三名が、二十五日には大東塾十四烈士が自決してゐる。彼らもまた、今日死ぬことが文化——国のいのちを振りおこすことであることを知つてゐた「かたくなにみやびたるひと」たちであつた。

そして、この精神は戦後も受け継がれてゐる。蓮田善明から直接受け継いだのは三島由紀夫である。昭和四十五年十一月二十五日、三島は国を憂ひて憲法改正を訴へ、天皇陛下万歳を三唱して、森田必勝とともに自決した。また直接ではないが、みやびが日本民族の心に滲み透つて血肉となつてゐるならば、日本武尊、大津皇子、志貴皇子、神風連、乃木夫妻、そして蓮田善明と続いてきたやうに、民族の精神として受け継がれてゐるはずである。この精神を語るときに楠木正成や高山彦九郎、西郷南洲も忘れてはならない人物であらう。戦後の最もかたくなにみやびたるひとは山口二矢である。社会党の浅沼稲次郎を刺殺後、「天皇陛下万歳」「七生報国」と書き遺し、昭和三十五年十一月二日に東京少年鑑別所で自決してゐる。さらに昭和五十四年五月二十五日、影山正治が「一死以て元號法制化の實現を熱祷しまつる」といふ遺書とともに「民族の本ついのちのふるさとへはやはやかへれ戦後日本よ」「身一つをみづ玉串とささげまつり御代を祈らむみたまらとともに」といふ辞世を遺して自決してゐる。平成五年十月二十日には、野村秋介が朝日新聞で「すめらみこといやさか」を三唱後に自決してゐる。彼らもまた、今日死ぬことが文化であることを知つてをり、自らの死によつて国のいのちを振りおこさうとしたのである。

また、日本浪曼派の文学運動そのものもかたくなにみやびであつたために、戦後は仮死状態に陥つてゐるのかもしれない。今日、私たちはこれらの死の墓標の上に、国のいのちを振りおこし、国風文化を打ち立てていかなければならない使命を担つてゐる。

（『国体文化』平成二十六年八月号）

第四章

皇神《すめかみ》の道義《みち》は言霊の風雅《みやび》に現はれる

利己主義と自我

岡山県の公立小学校で教員をしてゐる大学のときからの友人が次のやうな指摘をした。「最近、兄弟同士名前で呼び合ふ子供が増えたやうに感じる。兄や姉が弟や妹を呼び捨てにすることは以前からあつたが、今は弟や妹が兄や姉を『お兄ちゃん』『お姉ちゃん』と呼ばずに呼び捨てにすることが多くなつてゐる。個人主義と利己主義を履き違へ、家庭内でも行き過ぎなまでの個性尊重が叫ばれてゐる昨今、呼び方一つと言はれるかもしれないが、兄弟間ですら年長者を敬ふといふ美徳が少しづつ崩されてゐるのではないかと不安だ」。

この指摘は私も同意する。美徳の喪失と利己主義の拡大は国語の廃頽と深く結びついた問題であらう。言語は思考や文化と密接に関はりあつてゐる。思考や文化の違ひが言語に現はれることを確認するために、日本語と西洋の言語を比較したい。そこで、英語は西洋語でも簡略された文構造で低級言語だが学校教育で習ふので、英語を西洋語の代表としてここでは取り上げることとする。

学校における英語教育では「you」は「あなた」だと教へてゐる。たしかにその通りではあるが、それらはイコールで結びつくといふわけではない。日本語における相手の呼び方は人間関係を含むものである。英語の「you」に対応する日本語の二人称代名詞は「あなた」の他にも「君」「お前」「貴様」などがあり、それは相手との人間関係などによつて使ひわけられてゐる。ある女性が、同年代と思はれる男性に対して「あなた」と話しかけてゐるのを聞けば、その女性と男性の関係は夫婦であると考へ、「君」と話しかけてゐれば女性の方が上の立場だらうと推測するのが一般的な見方である。

他の人称代名詞はどうだらうか。日本語の人称代名詞をそのまま英語に変換してしまふと意味が変はつてしまふことがある。迷子になつてゐる男の子に対して「ぼくのお母さんはどこかな？」と言つてゐるのを、そのまま英訳すると人称代名詞の部分の訳は「my mother」になる。ところが、日本語での「ぼくのお母さん」とは質問した者の母ではなくて、迷子の男の子の母のことである。よつて、英訳するときには「your mother」としなければならない。日本語では「ぼく」といふ一人称代名詞を使ひながらも、二人称代名詞となつてゐるのだ。

日本語の人称代名詞の使ひ方は非常に興味深い。なほ、日本語の場合はもはや人称代名詞といふ呼び方は不正確かもしれないが、ここでは便宜上さう呼ぶこととする。日本語がこのやうな人称代名詞の使ひ方をする理由は、相手の立場にたつて物事を考へるといふ民族性にあるのではないだらうか。この人称代名詞の使ひ方から、英語は自己主張の強い言語であり、日本語は自己主張の弱い言語であると考へることができる。そして、自己主張といふ言葉は、自我といふ言葉に置き換へることができさうである。

相手の立場にたつて物事を考へるといふ思考から、日本人はこのやうな言語を形成してきたのだらう。しかし現在では逆に、日本語がこのやうな民族性を形成するやうになつてゐるのではないだらうか。すると、日本語で話し、日本語で考へるといふことが、日本民族の条件といふことになる。昨今では英語教育強化の必要性が叫ばれてゐるが、国語教育が十分になされた上での英語教育強化でなければならない。現在は言語と思考・文化が密接に関はり合つてゐるといふ認識が極めて希薄である。

さて、弟や妹が兄や姉を「お兄ちゃん」「お姉ちゃん」と呼ばなくなつた原因は何だらうか。そもそも日本の家庭では、最年少者の立場にたつて呼称することが一般的であつた。例へば両親と子供二人の四人家族の場合、一番下の子供の立場にたつた呼称なので、妻は夫のことを「お父さん」と呼び、一子のことを「お兄ちゃん」もしくは「お姉ちゃん」と呼ぶ。夫もまた妻を「お母さん」と呼び、一子は同様である。そのために、二子は自然と一子を「お兄ちゃん」「お姉ちゃん」と呼ぶやうになるのだらう。しかし、この呼称が崩れつつあるといふことは、おそらく両親が一番下の子供の立場にたつた呼称ではなく、名前で呼んでゐるからではないかと推測する。すると、これは年上を敬ふといふ美徳が失はれつつあるだけでなく、相手の立場にたつた思考も失つてきてゐるといふ事象が生じつつあると考へる必要がある。そして、その要因の一つとなつてゐるのは、家族といふ共同体意識の希薄化が挙げられるだらう。家族的道義国家の日本にとつて、これは重大な問題である。

西洋文明の流入

共同体意識の希薄化により、ますます利己的な思考になつていく可能性がある。私は日本人の利己化には、共同体意識の希薄化だけではなく「主語」が大きく影響してゐるのではないかと考へてゐる。現在の学校教育では、日本語の基本構文は主語と述語によつて成り立つと教へてゐる。しかし、これが大きな間違ひなのだ。実は、このやうな基本構文であると考へるやうになつた歴史は浅く、明治時代以降のことである。開国、明治維新後、西欧列強諸国の植民地にされないために、わが国は西洋文明を受け入れざるをえなかつた。そのため、わが国に西洋文明が急速に流入した。このときに、国語の文法構造も西洋的発想に準じてしまつたのだ。

国語の文法構造は、江戸時代の国学者たちによつて整理され、特に本居宣長や長子の春庭、富士谷御杖の父である富士谷成章によつて研究された。宣長も春庭も成章も主語といふ概念には触れてゐない。よつて、明治時代になり西洋文明とともに主語といふ概念が入つてきたとき、当時の言語学者たちは戸惑つたやうだ。しかし、西洋的な文法説明ができるやうにと、日本語にも西洋語と同じやうに主語といふ概念を当てはめてしまつたのである。なほ松本克己は、西洋において主語があらはれたのは十二世紀であるとしてゐるので、それ以前は西洋語にも主語はなかつたといふことだらう。

明治の文明開化は国文法にも大きな弊害をもたらし、それは今なほ続いてゐる。しかし不幸中の幸ひだつたのは、日本語そのものは残つたといふことである。明治時代には初代文部大臣の森有礼が、英語を国語にしようと主張した。日本語は日本列島以外で用ゐられることはない貧しい言語だから、日本語を廃止して英語にしようといふのだ。また、大東亜戦争終結直後の昭和二十一年、文豪の志賀直哉が敗戦を機に日本語をやめてフランス語にしようと主張した。さらにこの時期には「憲政の神様」「議会政治の父」と呼ばれる政治家の尾崎行雄が、アメリカで日本語廃止運動の参加者を求める活動を行つてゐた。他にも日本語表記をローマ字にしようなどといふ意見もあつた。彼らは日本語が西洋言語に対して劣つてゐると誤解してゐたに違ひない。現在でもさう誤解してゐるから、英語教育が重要だといふ意見や、企業内での公用語を英語とするなどといふ意見が出てくるのだ。もちろん日本の意見を国際社会に表明するために英語は重要である。しかしそれは、そのためのエリートを育てればいいことであつて、何も小学校から英語教育を行つたり、国内企業で英語を公用語とする必要などはまつたくない。それどころか、それは思考力や発想力の低下を招く可能性が高いことを指摘しておきたい。

次に、日本語に「主語」が流入した経緯を見ていかう。わが国が近代国家の仲間入りをするためには国語を統一する必要があつた。国語辞典が必要であるといふ政府の意向を受けて、明治八年に文部省報告課長の西村茂樹は部下の大槻文彦に国語辞典の編纂を命じる。辞典は明治十九年に完成し、本来は文部省が発行する予定だつたのだが、予算がなくて見送られてしまひ、文部省からの出版はできなくなつた。そこで、大槻は明治二十四年に自費出版した。

これが国語辞典『言海』である。辞典の作成には、日本が独立した近代国家であることを西洋諸国に証明しようといふ意図があつた。この気概は大事である。しかし、近代日本の悲しき宿命でもあるのだが、そのためには西洋を基準としなければならなかつた。出版祝賀会の祝辞で伊藤博文が「言海を繙閲《はんえつ》するに、先づ欧州の文法に則りて我文典を画定し、よりて以て根拠となす」と述べてゐるやうに『言海』は西洋を基準としたのである。大槻は国文法を西洋言語に準じて体系づけてしまつた。そして、その文法を文部省は学校文法として採用したのである。大槻は「文は主語と説明語よりなる」と説明してをり、政府公認の文法に「主語」が導入されてしまつた。

その後も、学者や政府機関の間では文法についての議論がされてゐたやうである。昭和十年、文部省は大槻文法に代はり橋本進吉の理論を採用した。大槻文法との大きな違ひは「説明語」が「述語」となつたことである。また「主語」の定義も大きく変化したやうだが、存在はそのまま残つた。その後、細かな変更はあると思ふが、基本的には現在も橋本文法が採用されてゐる。学者の間からは主語の存在を疑問視する意見が出てゐた。そのなかには山田孝雄、金田一京助、大野晋などといつた有名な言語学者たちもゐる。しかし、主語の存在を否定する大きな流れをつくりだしたのは三上章の「主語廃止論」であらう。昭和三十年代のことである。

もともと数学教師であつた三上は、文法研究に取り組むにあたり、本居宣長の墓を詣でてゐる。三上は江戸時代の国学者たちが主語といふ概念に触れてゐないのは、それに気がつかなかつたからではなく、そもそも日本語に主語は存在しないからだと主張する。三上によると、日本語は主語、述語といふ主述関係ではなく、題述関係であるとしてゐる。富士谷成章は『あゆひ抄』で「『は』は、題を受くべきあゆひなり」としてをり、三上もこの考へを継承したのではないだらうか。

日本語に主語はいらない

三上の有名な著書は『象は鼻が長い』である。「象は鼻が長い」の主語はどれか。「象は」が主語なのか「鼻が」が主語なのかわからないし、両方とも主語だとするならば一つの文に二つの主語が存在することになつてしまふ。三上は、この文はそもそも主語が存在せず、象といふ題があり、それ以下の文はその題に関する事柄を自由に述べることができるのだと指摘してゐる。

私には日本語に主語がないといふ証明をする能力がないので、英語ではなぜ主語が不可欠なのかといふことを見ていきたい。実は、英語は主語が存在しないと動詞を置くことができないといふ、やつかいで煩わしい言語なのである。英語の一番簡単な基本構造はＳＶ（主語＋動詞）であり、Ｖだけでは成り立たない。英語の基本例文としてよく「This is a pen」が取り上げられる。これは、ＳＶではなくてＳＶＣ（主語＋動詞＋補語）だが、日本語訳としては「これは（一つの）ペンです」となる。可算名詞のことを考へれば括弧内を含めて完璧な訳となるのだらうが、さう訳すと日本語としては違和感がある文となる。ここでは主語と動詞の関係性を問題としてゐるので、今回は可算名詞には詳しく触れないでおくが、思考と言語の関係性から日本語と英語の違ひを考へるには重要な点であることだけは指摘しておく。

ペンが二つになると英語は「There are pens」となる。日本語では「これらはペンです」と訳す。英語では主語が同じ物を指してゐても単数か複数かにより動詞までもが変化してしまふのだ。そのため、英語では主語が決まらない限り動詞を置くことができない。つまり、主語は動詞を支配する役割を果たしてをり、そのために英語では主語が不可欠なのである。

ところが、日本語はさうではない。日本語ではペンが単数でも複数でも「です」であり変化しない。もちろん「ペンだ」のやうに「です」「だ」「である」といふ選択肢はあるが、これらは主語によつて変化するものではない。動詞は主語に支配されてゐるわけではないのだ。そのために主語を置く必要がなく、「ペンです」といふのも日本語の文として成立する。しかし、この文章を英訳するには、「It is a pen」とItといふ仮主語を置かなければならないし、「ペンです」といふ日本語ではペンが単数か複数かわからないので、正しい翻訳とはいひきれない。

現在、日本語の「主語」と呼ばれてゐるものは、明らかに英語の主語とは違ふ働きをしてゐる。ならばそれを「主語」と呼んでおいていいのだらうか。私は日本語に主語がないと言ひ切ることはできないが、日本語に主語は絶対に必要といふわけではないと言ふことはできると思つてゐる。すなはち、主語がない文も存在するといふことであり、日本語は英語など西洋言語のやうに主語を不可欠としない言語なのだ。そのために、例へば「主張する」といふ文では誰が主張するのかがわからない。「私」かもしれないし「あなた」かもしれないし「彼」かもしれないし「皆」かもしれない、または「日本」なのかもしれない。英語では主張するのが誰か、ある程度決定しないと「insist」か「insists」かが決まらない。このやうな文法構造の違ひによつて、日本では自我の弱い思考が形成され利他的となり、西洋文明圏では自我の強い思考が形成され利己的になるのだと考へる。

神代より伝はる国語

たかが主語、たかが言葉と思ふかもしれない。されど言葉なのである。いや、言霊信仰を持つ日本人にとつては、言葉だからこそ考へなくてはならない優先課題なのである。先ほどは西洋文法を導入してしまつたと批判した『言海』だが、辞典そのものを否定するわけではなく、有意義な点もある。『言海』を改良した『大言海』によると「言」は「事」でもあり、それ言葉の背景には事柄があるとしてゐる。また、この逆も起こり得ると考へられてをり、それが言霊信仰である。国学四大人《しうし》の一人であり『万葉集』を研究した賀茂眞淵も、「言」と「事」はもともと同義語だと考へてゐた。『万葉集』には「神代より言ひ伝《つ》て来らくそらみつ倭の国は皇神の厳しき国言霊の幸はふ国と語り継ぎ言ひ継がひけり……」といふ山上憶良の長歌が収録されてゐる。日本は言霊の幸はふ国であると、神代より言ひ伝へられてきてゐるのだ。そして、この信仰は決して万葉人だけのものではなく、私たち現在の日本人も持つてゐる。

平成二十三年三月十一日に発生した東日本大震災は大きな被害をもたらし、特に東北地方は大打撃を受けた。このとき、天皇陛下が異例の「おことば」を渙発あそばされ、多くの被災者の心は癒された。これは、日本は現在も「言霊の幸はふ国」であり、「言霊のたすくる国」だからである。結婚式や受験のときなどの忌み言葉も言霊信仰からくるものだ。また、天皇を大和言葉では「すめらみこと」と申し上げる。諸説あるが、「すめら」には「統ぶ」「清む」などの意味があり、神の尊称として使用されてゐる「みこと」は「御言」でもあり、言葉といふ意味を持つてゐる。よつて「すめらみこと」には「言葉を統一する」や「清い言葉」といふ意味が含まれてゐると考へられる。

わが国は、国家の大事や転換期には書物や歌集などを勅撰として編纂してきた歴史がある。勅撰ではないが『万葉集』もその事業に準ずるものであらう。これらと同等に扱ふわけにはいかないが、『言海』編纂は近代の日本人も言葉を重要視してきたから行はれたのである。

そして大事な点は、日本語は神代より伝はる言語であるといふ点である。現在の日本人は、祝詞のやうに日本語で神に申し上げることができる。西洋諸国の多くは基督教社会である。『聖書』の原文は様々な言語で書かれてをり、一言語ではない。さらに言葉に関しては、有名な「バベルの塔」の物語が収録されてゐる。すべての人間はもともと同じ言語で話してゐた。ゴッドに近づかうとして高い塔を建設してゐたのだが、それがゴッドの逆鱗に触れて塔は破壊されてしまひ、二度と人間が協力して高い塔を建てないやうにと言語をばらばらにされてしまふのである。言葉を神として考へて大事にして、天照大御神のご子孫であられる天皇《すめらみこと》によつて統一されてきた日本。傲慢さゆゑにゴッドによつて言語をばらばらにされた神話を持つ西洋諸国。この違ひが利他的で共同体意識が強く自我の弱い日本と、利己的で自己主張と自我が強い西洋諸国といふ違ひにつながつてゐるのであらう。

鹿持雅澄の『万葉集古義』を引用して、日本浪曼派の保田與重郎は「皇神《スメカミ》の道義《ミチ》が言靈《コトダマ》の風雅《ミヤビ》に現はれる」とした。わが国風を適切に捉へた言葉である。

国語の政治的課題

さて、政治の場に目を向けても国語問題の憂ひを深くする。第二次安倍内閣ではつひに憲法改正が政治議題として浮上してきた。このことは喜ばしいのだが、与党である自民党の憲法草案には現代かなづかひが使用されてゐる。現代かなづかひはＧＨＱの占領中に改変されたかなづかひである。条文の内容の是非はともかく、現行の「日本国憲法」には歴史的かなづかひが使用されてゐることを考へれば、表記といふ観点からは自民党の憲法草案は現行憲法より後退してしまつてゐる。もちろん、これは自民党草案だけではない。公表されたすべての政党、新聞社の憲法草案で現代かなづかひが使用されてゐる。

かなづかひは国文法に関する重大事である。わが国の歴史を見ると、歴史的かなづかひだけでなく定家かなづかひといふかなづかひもあつた。鎌倉時代から江戸時代までは定家かなづかひが採用されてゐたが、定家かなづかひは『万葉集』で使はれてゐる万葉仮名と一致しない。このこと自体は南北朝時代にすで指摘されてゐた。そして、江戸時代に真言僧の契沖が記紀万葉を根拠としてかなづかひを体系づけたのである。これが歴史的かなづかひである。記紀万葉を根拠とするので、やはり神代より伝はる言葉を表記するための正しいかなづかひは、この歴史的かなづかひである。大日本帝国憲法の復元改正、現行憲法の改正、または自主憲法制定はたしかに必要なことだが、現代かなづかひになつてしまふのではないかと憂慮してゐる。

保守系団体の擡頭や第二次安倍政権の誕生により、戦後の眠れる日本国民は覚醒しつつある。しかし、現在の保守勢力と革新勢力の対峙は、かつての資本主義と共産主義が同じ西洋近代といふ同じ種から咲いた白い薔薇か赤い薔薇かといふ違ひとあまり変はらない状況である。どちらも西洋近代の範疇を出てゐない。

わが国史を顧みると、国体や国風が破壊されさうになつたとき、必ず直毘霊が働いて軌道修正がなされてゐる。ときには排外主義と捉へられるほど強く作用することもある。しかし、それは排外が目的ではなく、国体と国風の防衛を目的とするものである。大東亜戦争もやはり排外や侵略を目的としたのではなく、国家存亡をかけた防衛のための戦ひであつた。いまだに西洋優位主義がはびこるなか、直毘霊を働かして歪められてゐる国語を正し、政治的にも文化的にも日本への回帰を促さなければならない。

（『伝統と革新』十二号）

第五章

国語による国風《くにぶり》の守護

以前、東洋人と西洋人では物の見方に違ひがあることを紹介するバラエティ番組がテレビで放映されてゐた。番組の実験では、円柱型の木製品を「ダックス」と名づけると定義する。そして、青いプラスチックの円柱と木製の四角柱を用意し、その二つを見せて、どちらがダックスかを問ふ。すると、東洋人の多くは木製の四角柱がダックスであると答へ、西洋人の多くは青いプラスチックがダックスだと答へてゐた。番組では、この原因は言語の特性が関係してゐると説明してゐた。英語など西洋の言語では、名詞は数へられる可算名詞と数へられない不可算名詞にはつきりと分けなければならない。そのために、初めて見た物はとりあへず可算名詞として考へる思考回路であり、物を形で判断する傾向が強いのだといふ。そのためにダックスを円柱といふ形で判断したのだ。

番組ではもう一つ例が挙げられてゐた。縦一列にUFOが上から小中大の大きさで三機描かれてゐる。この絵を見せて、上下どちらが先頭であるかを問ふ。東洋人の多くは下が先頭であると答へ、西洋人の多くは上が先頭であると答へた。そしてこの理由を、対象に対する見方の違ひであるとする。西洋人は自分の見てゐる視点からUFOが進んでゐると考へるので小さいUFOが先頭だと考へ、東洋人は対象側から見た視点で考へるので大きなUFOが先頭だと考へるらしい。

この認識の違ひは、言語にも現れてゐると番組は続ける。「あなたはキウイが好きではありませんね」といふ質問に対して、日本語では「はい、好きではありません」と答へるが、英語では「いいえ、好きではありません」と答へる。日本語は相手の立場にたち相手の質問に答へるので「はい」となり、英語は自分の立場で否定するために「いいえ」となるのだといふ。これは面白い実験であり、面白い結果と考察だと思つた。これは、西洋語は近代的自我が強い言語であることを意味してゐる。

それは一人称の使ひ方にも表れてゐる。英語だと一人称はIであり二人称はyouである。しかし日本語では、迷子の子供に話しかけるとき「ぼくのお母さんはどこかな?」と言ふ。この場合の「ぼく」とは、英語の一人称のIやmyではない。英語だと二人称のyouやyourを使はなければ通じない。一人称で「my mother」と訳してしまへば、子供の母ではなく、話しかけた自分の母のことになる。この西洋語の一人称の範囲と日本語の「ぼく」——これを一人称と定義していいかどうかはここではおく——の範囲を比較しても、西洋語は近代的自我が強い言語であることを証明する。

日本語は相手の立場にたち、相手の目線からの関係性で話をすることは日常的にある。家庭の会話では子供の目線に合はせて、妻を「お母さん」、夫を「お父さん」と呼んだりする。これも自分の父や母のことではなく子供の父母である。これらは近代的自我との関はりにおいて注目すべき日本語の使ひ方だらう。

ここで、言語と思考の関係を確認しておきたい。長谷川三千子によると、哲学の祖アリストテレスは「ある」といふことを「ある」たらしめるのはヒュポケイメノンだとしてゐる。日本語ではこのヒュポケイメノンを哲学用語としては「基体」と訳して、言語学用語としては「主語」と訳す。アリストテレスは言語学者でもあり、主語・述語を発見したのも彼である。アリストテレスは哲学も言語学もその基本をヒュポケイメノンと名づけた。西洋ではヒュポケイメノンによつて言語が成立し、思考が成立する。英語文法の基本文はＳＶ（主語＋動詞）であり、主語がないと文として成立しない。ときどき、主語が見当たらない英文を見かけることもあるが、それは主語を省略してゐるだけであり、主語が存在しないといふわけではない。

ところが、日本語の文法は西洋語のやうな主述関係ではないとする説がある。日本語の言語学論理は江戸時代に国学者たちによつて整理された。そのとき、国学者たちは主語といふ存在を考へてゐなかつたやうだ。そのため、明治時代の西洋語の文法がわが国に流入してきたとき、西洋にならひ主語といふ概念を日本語にも取り入れてしまつた。

昭和三十年代、『像は鼻が長い』で有名な三上章は、日本語には主語がないとして主語無用論（主語抹殺論と呼ばれることもある）を主張した。三上によると、日本語の基本的な構文は主述関係ではなく、題述関係であるとしてゐる。この三上の指摘は興味深いのだが、三上の文章はわかりにくいので、ここではわかりやすい金谷武洋の文章を引用する。

日本語の基本文は主語を含まない。述語一本立てなのである。主語を認めると、無数の「主語なし文」に「省略」という別な説明を持ち込む必要があるが、これは多くの場合正しくない。

よく料理の本や各種取り扱い説明書などに出てくる「秋刀魚《さんま》を三枚におろします」とか「電源が入っているか確かめる」には、省略されているはずの「主語」が見つからない。もし「私たちは」などと考えるなら「他の人たちはそうしませんが」という意味が加わって違う文になってしまう。「どうして来なかったんですか」という文でも、主語と見られる「あなたが」をつけると「他の人が来た」という意味が加わってしまう。意味が変わるとしたら、もはやこれらは「省略」ではないことは明らかだ。その他、よく引用される三上章の文だが「黒板に『明日は休み』と書いてあった」や「いい陽気になりましたね」などにも「主語」はない。（金谷武洋『日本語に主語はいらない』、講談社、原文横書き）

金谷武洋は机の上に三上の写真を置き、この著書を執筆したといふ。そして、この著書の刊行の原点となつたのは三上文法を擁護するためだとしてゐる。すべての日本語に主語はないと言ひ切ることはできないが、日本語の基本構文には主語がないとはいへさうである。また、主語がある場合の日本語の文の主語は、述語を支配するといふ西洋的な主語でないことも重要な点である。少なくとも、日本語は必ずしも主語を置く必要がなく、主語のない文も存在することは確かだ。これは本来の日本語には近代的自我が存在しない、または弱いことを証明してゐる。西洋文化流入後の明治の文豪たちを苦悩させたのは、この近代的自我であつた。

現在、大学生ですら古典を読めなくなつてゐる一つの要因は、この主語と近代的自我にあるのではないだらうかと推測する。私たちはすでに西洋型言語文法に慣れてしまひ、主語―述語関係で文章を読んでゐる。そのために、主語がない古典を読むことは難しくなつてゐるのではないだらうか。なほ、金谷によると日本語に主語はないといふことは山田孝雄、金田一京助、服部四郎なども指摘してゐるといふ。

竹内好は、江藤淳が『神話の克服』で保田與重郎の文章を「自然の声」であつて「人間の言葉」ではないと評してゐることを紹介し、竹内自身は次のやうに指摘してゐる。

彼（保田與重郎――引用者註）の判断は定言形式をとらない。一見、きわめて強い自己主張に見えるものが、じつは自己不在である。彼の文章には主語がない。主語に見えるものは、彼の思惟内部の別の自己である。だから彼の文をよむものは、いつもはぐらかされた感じをもつ。「図々しさの典型」と取られる。しかし実際の保田は小心者である。（竹内好『日本とアジア』、ちくま学芸文庫）

そして、保田の「我が最近の文学的立場」と「攘夷の思想」を引用して、さらに次のやうに続ける。

これは天の声か地の声であるかもしれないが、人間のことばではない。まさしく「皇祖皇宗の神霊」の告げである。「朕」でさえもない。巫《ふ》である。（同）

竹内好は保田の文章を「主語がない」と指摘した。竹内のこの指摘は、西洋型言語文法の現代文に慣れてしまつてゐる私も同意する。保田の文章が読みにくくて主語がない、人間の言葉ではないと感じるのは、西洋近代に毒されてゐない日本語だからであらう。西洋近代に毒されてしまつてゐる私たちには、古典はおろか保田の文でさへ読みにくいと感じてしまふのである。

「死ね」の声きく彼方こそ詩

保田は後鳥羽院以後の文学を「隠遁」とした。これは、仲恭天皇を廃し、後鳥羽上皇、順徳上皇、土御門上皇を遷幸した鎌倉幕府に、「自我」――近代的自我とは異なるかもしれない――の発生を感じとり、その自我とは一線を画すといふ意味合ひがあるのかもしれない。

わが国における「自我」の芽生えは日本武尊に見ることができる。

○精神とは厳粛そのものである。そのために既にモラルを破却して君臨せなければならぬ。況や肉体をや。これを日本人は戦争に於ても実行した。戦争は唯人を殺し合ふのではない。我を殺す道であつた。文学は人を唯頽廃せしめるのではない。「死ね」と我に命ずるものあり。この苛酷なる声に大いなるものの意志が我に生き及ぶのである。戦争とか死とかに関する此の年頃の安物の思想で愚痴るなかれ。この「死ね」の声きく彼方こそ詩である。我々は戦争に於て勝利は常に信じきつてゐる。そんなことを気づかつて攻撃しない。我々は己の死すべき（決して生物的な生命を惜しみ愛するのではない）場処をひたすらに想ふのである。弾丸に当る。眼くらみて足歩み、斃れんとして足下に一土塊、一草葉を見る、或は天空に一片の雲を見ん。此の土塊、草、雲、即ちそれ自ら詩である。究極の冷厳、自然そのもの。併し生命を踏み超えて凍つた精神である。

日本武尊、御父天皇の「死ね」との御命にて御遠征の帰途、疲ひ労れ給ひて死に臨み、御歌よみし給ひて

倭は　国のまほろば　たたなづく　青垣山　隠《こも》れる　倭し　美《うるは》し（蓮田善明『鷗外の方法』「詩のための雑感」）

日本武尊は御父景行天皇より「東の方十二道の荒ぶる神、また伏《まつろ》はぬ人等を言向け和平《やは》せ」との詔を賜り東伐へと向かふ。征西から戻つたばかりの日本武尊は神宮で倭比売命に「天皇既に吾死ねと思ほす所似か（中略）なほ吾既に死ねと思ほしめすなり」とお嘆きになる。

この日本武尊に「自我」の芽生えを感じ取ることができる。その自我に「死ね」といふ「苛酷なる声に大いなるものの意志」が「生き及ぶ」のである。日本武尊が神人分離の過程であるといふ保田の指摘は、この自我の芽生えも一つの根拠としてゐるのではないだらうか。そして、その声を聞き自我を殺したときに人代の歌が、詩が発生するのだ。

爾に言擧《ことあげ》爲《し》て詔りたまひしく、「是の白猪に化《な》れるは、其の神の使者《つかひ》ぞ。今殺さずとも、還らむ時に殺さむ。」とのりたまひて騰《のぼ》り坐しき。（『古事記』「中巻」）

ここでは「言向け」ではなくて「言挙」となつてゐる。おそらく日本武尊のこの言葉には強い自我があつたことが、「言向け」ではなく「言挙げ」といふ使ひ分けになつたのだらう。わが国に自我はいらない。それを柿本人麻呂は「言挙げせぬ国」と表現し、三上章は「日本語に主語はない」と表現したのではないだらうか。

なほ、三上はもともと数学教師であつた。岡潔や藤原正彦といつた理系の数学者たちが、一見文系とも思へる国語や情緒といふ分野に情熱を傾けて活躍してゐる原点は、この三上にあるのではないだらうか。いや、医者であつた本居宣長こそが原点だらうか。三上は日本語文法を研究するにあたり宣長の墓を詣でてゐる。また、岡は文系、理系といふ括りをしないで、社会に属する学科、自然に属する学科、心に属する学科と三分野に区分し、心に属する学科として、歴史、道徳、国語、数学を挙げてゐる。国語と数学を同一の心に属する学科としてゐる点は興味深い。文系、理系といつた区分では、国語の分野になぜ宣長、三上、岡、藤原と理系の者が続くのかを理解することはできないが、岡の区分だと理解できる。

言語と思考は切り離せない関係にあり、言語には民族性があらはれてゐる。それゆゑ、民族には同一言語が要求される。だからこそ、本居宣長は『古事記傳』で『古事記』に記された古語を復興することに全力を注いだのかもしれない。

日本語の表記

次に、日本語を表記する文字について考へてみたい。日本語の文章は一般的に「漢字仮名交じり文」といはれてゐる。この書き方は平安末期以降に浸透し、現在の文章もこの漢字仮名交じり文である。

昨年（平成二十四年）は『古事記』撰上千三百年であつた。『古事記』はわが国最古の歴史書であり、その八年後に編纂されたのが『日本書紀』である。二書とも漢字で書かれてゐるのだが、『日本書紀』が漢文で漢語を多用して書かれてゐるのに対し、『古事記』は漢文ではなくて、今でいふ当て字を多用して書かれてゐる。

わが国に独自の文字がなかつた時代は、漢字を使つて日本語を記してゐた。わが国最古の歌集である『万葉集』も漢字を使つて書かれてゐるが、決して支那の漢文ではなく、万葉仮名といふ呼ばれ方をしてゐる表記方法である。

ひらがなやカタカナは、平安時代の末期に発明されたとされてゐる。ひらがなとカタカナの発明により、日本の文学は飛躍的に進歩したといつていいだらう。漢文では表現できなかつた、やまとことばの些細な、または繊細な表現を文字として表はすことを可能にしたからである。

わが国初の勅撰和歌集である『古今和歌集』の巻頭は仮名序である。仮名で書くことに意義があり、それが紀貫之の精神である。その精神は、勅を下した醍醐天皇の大御心を拝してゐることは想像に難くない。勅撰和歌集の編纂とその巻頭に仮名序を配置することにより、漢風から脱却して国風を取り戻すことを打ち出してゐる。漢意《からごころ》を取り除くことにより、やまとごころが鮮明に浮かび上がることを指摘したのは本居宣長であるが、わが国史を振り返ると、外国文化に染まつたときには常にそれを落としてやまとごころを鮮明にしてきてゐる。

やまとうたは、ひとのこゝろをたねとして、よろづのことの葉とぞなれりける。世中にある人、ことわざしげきものなれば、心におもふことを、見るもの、きくものにつけて、いひいだせるなり。花になくうぐひす、みづにすむかはづのこゑをきけば、いきとしいけるもの、いづれかうたをよまざりける。ちからをもいれずして、あめつちをうごかし、めに見えぬ鬼神をも、あはれとおもはせ、お《（を）》とこ女のなかをもやはらげ、たけきもの、ふのこゝろをも、なぐさむるは哥なり。（『日本古典文學体系8』「古今和歌集」、岩波書店）

仮名序も言語と思考の関係を明らかにしてゐる。人の心を種として万の言葉が生まれたのだ。しかも、歌は力を入れずして天地を動かし、目に見えない鬼をあはれと思はせ、男女の仲を和らげ、猛きもののふの心も慰める。日本人の言動は人工的なものではなく、自然なものと考へる。日本語は主語を前面に打ち出して自分の考へを相手に押しつけるものではない。この仮名序にあらはれてゐる日本人の思想や思考こそがやまとごころである。

仮名序とは言つても、すべて仮名で書かれてゐるわけではなく漢字も使はれてゐる。漢意排撃を強く主張する立場から、日本語から漢字をなくして仮名だけで書く方がよいとする意見を聞くことが稀にある。しかし私は、漢字をなくすよりも、漢字仮名交じり文の方が日本的な文化だと思つてゐる。

大雑把に分類すると漢字は表意文字であり、一つ一つの字に意味がある。それに対して仮名は表音文字であり、一つの文字で一つの音を表す。西洋のアルファベットは仮名と同じ表音文字だ。もし日本が漢字のみだと、文字については支那の文化圏となり、仮名だけだと西洋の文化圏といふことになる。ところが漢字仮名交じり文だと、支那文化圏に入るとともに西洋の文化圏にも入ることになる。そしてそれは、両文化圏とも違ふ日本独自の文化圏であるといふことをも意味する。『古事記』は漢文で書かれたわけではない。漢字を使用したが、それを表意文字としてだけではなく、表音文字としても使つた。ここに日本の独自性があるとともに太安万侶の苦悩があり、仮名の発明への布石があつたと考へていいだらう。

歌のみそぢひともじを、近きころ古學するともがらは、字といふことをきらひて、卅一言といひ、五もじ七もじなどをも、五言七言とのみいふなれ共、古今集の序にも、みそもじあまりひともじと有て、いにしへよりかくいへり、すべてもじといふは、文字の字の音にて、御國言にはあらざれども、もんじといはずして、もじといへば、字の音共聞えず、御國言めきてきこゆる、（本居宣長『玉勝間』「言をもじといふ事」（三八））

宣長の時代の古学者（国学者）たちは、和歌を三十一文字といふことさへ嫌ひ、三十一言といつてゐたやうである。しかし宣長は、『古今集和歌集』にも文字とあり、「もんじ」ではなく「もじ」といふならば日本語のやうに聞こえるとしてゐる。漢字も漢字仮名交じり文といふ文章だと、支那文化圏から脱却したわが国独自の文化であると考へていいだらう。

ひらがなを多用した芥川賞作品

近年の芥川賞では、その作品の内容や文体よりも、受賞した人物の年齢や言動に注目が集まることが多かつたやうに思ふ。第百四十八回芥川賞受賞作品「ａｂさんご」の黒田夏子も、やはり七十五歳での受賞といふことにも注目が集まつた。しかしそれだけではなく、横書きでひらがなの多用といふ特徴的な文章も大きな話題となつた。

『文藝春秋』誌上で「ａｂさんご」を一瞥したとき、横書きで、しかもひらがなを多用してゐるといふことで大きな違和感があり、とても読みにくいと思つた。現在では国語を除く教科の教科書では横書きが多いので、横書きにも馴染んでゐるはずなのだが、文学作品の横書きはやはり読みにくくて違和感を覚えてしまふ。横書きであるだけでも読みにくいのに、ひらがなの多用がさらに読みにくくさせてゐる。

ところが、違和感と同時にその斬新な手法に感心もさせられた。漢字ではなくひらがなにするといふだけで、これほどまでに印象が変はるといふことに改めて気づかされたからだ。一般的に、あまり難しくない漢字のときはひらがなではなくて漢字で書くといふ認識があると思ふ。ある保守系のジャーナリストが「原稿は漢字だつたのに、ゲラが届いたらひらがなになつてゐた。担当の若い編集者になぜひらがなにするのかを聞いたら、『若い人は読めないからひらがなにしないと売れないのです』と答へた」といふやうな主旨の発言をしたのを聞いたことがある。このやうな理由で漢字をひらがなにすることもあるやうであるが、それはやめた方がいいだらう。

しかし編集業をしてゐると、それとは異なる理由で意図的にひらがなにする場合がある。それは、漢字の硬い感じではなく、ひらがなのやはらかい感じを表現したいときである。また、音を重視したい場合も表意文字である漢字より表音文字であるひらがなを使用する方がいい。文章ではないが、歌を詠む場合は漢語を使はずに和語を使ふやうに心がけるので、漢字の使用は一般的な文章よりも少なくなることが多い。

「ａｂさんご」でのひらがなの多用は、読者が読めなくて売れなくなるからといふ理由ではない。ここまでひらがなを多用すると、反対に読みにくくて売れなくなつてしまふと考へる方が一般的だらうし、販売のことを考へる編集者ならばひらがなを漢字にするだらう。

　ａというがっこうとｂというがっこうのどちらにいくのかと、会うおとなたちのくちぐちにきいた百にちほどがあったが、きかれた小児はちょうどその町を離れていくところだったから、ａにもｂにもついにむえんだった。（『文藝春秋』平成二十五年三月号、黒田夏子「ａｂさんご」、文藝春秋社、原文横書き）

「学校」ではなく「がっこう」とひらがなにすることにより、読者に立ち止まつてもらひたいといふ意図があるといふことをテレビ番組で見た。漢字ではなくてひらがなにするといふところに意図がある。この意図的な表記は、先述した『古今和歌集』の仮名序を思ひ起こさせる。黒田がそれを意識したかどうかは問はない。無意識であつても、中共が尖閣諸島に軍事的侵攻をしつつあるなかで、かつて漢風から脱却して国風を前面に打ち出した『古今和歌集』の仮名序を思ひ起こさせる作品が登場し、しかもその作品が芥川賞を受賞したといふ点に私は注目する。そして、そのやうに解釈することにより、媚中派の政治家、媚中派の官僚を一掃し、現代に国風文化を取り戻す契機としたいと願ふのである。

また、単行本『ａｂさんご』は「ａｂさんご」は横書きで、他の作品は縦書きで掲載されてゐた。そのために、「ａｂさんご」だけは後ろのページから読み始める構造になつてゐる。そして、他の作品の末と「ａｂさんご」の末にあたる中ごろのページに「なかがき」なるものが記されてゐる。「はしがき」でも「あとがき」でもない「なかがき」といふのは初めて見たし、これも斬新である。第百四十八回芥川賞受賞作品は、近年の芥川賞受賞作のなかでも最も面白味のある文章と人物であると思つた。

松尾芭蕉も漢字とかなの使ひ分けには拘つたらしい。「芭蕉」と書かずにひらがなで「はせを」と署名してゐたといふ。有名な『おくのほそ道』も題は「奥の細道」ではない。なほ、本文中は「奥の細道」と書かれてゐる。保田によると、芭蕉は後鳥羽院以後の隠遁詩人の系譜であり、俳諧により俗語を正したのだ。当時の国語を是正し護つたのである。

日本語表記は、ひらがな、カタカナ、漢字と種類があることにより選択肢があり、豊かな表現ができる。ひらがなで書くか、カタカナで書くか、または漢字で書くかによつて印象が異なる。だからこそ、ひらがなが多用されてゐる「ａｂさんご」は違和感があり、読みにくいと感じるのである。支那文化圏や西洋文化圏の人たちは、このやうな感覚を味はうことができるのだらうか。「ａｂさんご」は、読者に違和感を与へることにより、日本語表現力の豊かさを再確認させてくれる。

『古事記』における太安万侶の苦悩は万葉仮名を生み出し、『古今和歌集』の仮名序の布石となつた。そして、あへてひらがなを多用する「ａｂさんご」は『古今和歌集』を思ひ起こさせる。これは、わが文学史には『古事記』『万葉集』『古今和歌集』『新古今和歌集』から芭蕉、宣長、保田らを経過して「ａｂさんご」にいたるまで、意識的か無意識的かはともかくとして、一貫した精神が流れてゐるからであり、それはわが国史は神代より連綿と継続してゐることを証明するものでもある。

皇神の道義

今も私は私の大東亞戰爭は終つたと思つてゐない。私は文人であるから、劍をもつて現實の戰場へゆくことに第一義のものを感じなかつた。劍の代りに、私は筆をもつてゐると高言した。だから現實の戰場に文士として從軍することを拒み、一兵士として、銃を擔ひてその現地に赴いた。筆はみな非力であるから、學生の角材のやうに相手の血を流すことは出來ない。しかし私の大東亞戰爭は、筆にありと信じてきた。それは今もつゞく信である。しかしこの考へ方には、どこかに矛盾のやうなものがあると人は思ふかもしれない。矛盾でなくイロニーである。（保田與重郎『日本浪曼派の時代』「『コギト』の周辺」）

保田は大東亜戦争は筆にありと信じた。筆とは言葉と言ひ換えてもいいだらう。大東亜戦争では兵士でも文士でもない九人の乙女たちが、保田の信じた大東亜戦争を現実に戦つた。昭和二十年八月九日、ソ連が日ソ中立条約を一方的に破棄して日本に侵攻を開始。十五日には玉音放送によりポツダム宣言受諾の旨が国民に伝へられる。ポツダム宣言受諾で戦闘は終はつたはずなのに、ソ連軍は砲撃を続けながら南下する。樺太の住民たちは島から脱出するのだが、真岡郵便局電話交換手の九人の乙女たちは電話といふ通信手段は大事であると島に残り、砲撃を受けるなかも電話交換の仕事を続ける。そして、目の前にソ連軍が迫つたときに「皆さん、これが最後です。さやうなら、さやうなら」といふ言葉を遺し青酸カリで自決する。

電話は言葉を伝へる通信手段である。よつて、この九人の乙女が命を懸けて守つたものは「言葉」といへるのではないだらうか。そして、乙女たちが最後に遺したものも言葉である。

保田與重郎は鹿持雅澄の『万葉集古義』の言葉を用ゐて「皇神《スメカミ》の道義《ミチ》が言靈《コトダマ》の風雅《ミヤビ》に現はれる」としてゐる。言葉と神との関係性は日本だけでなく、西洋の神話にも出てくる。

『聖書』の「ヨハネの福音書」には「初めに言葉ありき、言葉は神と共にありき、言葉は神であった」と記されてゐる。日本語に翻訳されてゐる『聖書』を読んでもわからないのだが、原語では、ここで出てくる「言葉」には定冠詞がついてゐない。そのためにこの「言葉」とは、西洋人が普段使ふ言葉とは区別されてゐるのではないか、神と共にあるこの「言葉」とはイエス・キリストのことではないかといふ神学説もある。

『聖書』とは違ひがあるのだが、わが国もやはり言葉を神として考へることはある。折口信夫によると、神言の伝達者はみこともちと呼ばれ、みこともちが神の言葉を発すると、初めに言葉を発した神と同格になるさうだ。言葉に神を感じるからこそ、私たちは言葉一つで喜んだり、悲しんだり、怒ったり、感動したり、涙を流すのである。

『古事記』では高天原の神々は豊葦原水穂の国をうしはく大国主神に言向けて、言向け和平すことにより国譲りが行はれた。天孫降臨は天照大御神のことよさしによつてなされた。神武天皇の御東征も「かく荒ぶる神等を言向け平和」されるのである。日本武尊が賜つた東伐のときの詔は「言向け和平せ」であつた。日本武尊は山の神に「この白猪に化れるは、その神の使者ぞ。今殺さずとも、還らむ時に殺さむ」と言挙げをしてしまつたため、故郷に帰ることなく病に倒れてしまはれる。このときに御歌を遺された。保田與重郎は日本武尊のこの敗北を「偉大なる敗北」とした。そして、日本武尊が神と人が分かれる分岐点とする。前述したが、この神人分離は言葉や自我と深く関係してゐると思ふ。神皇分離は崇神天皇の御代である。崇神天皇も神武天皇のやうに肇国天皇と称えられてゐる。天照大御神を皇居の外に遷御したことから天皇と別々に暮らすことになつたのが神皇分離である。天照大御神は垂仁天皇の御代に伊勢に鎮座なされることとなる。

わが国の神話には、言葉によつて国を開き、国を造り固めてきた神々がをられ、言葉により偉大なる敗北を遂げた神がをられる。真岡の九人の乙女たちも言葉の通信手段を守り、最後に言葉を遺した。「己の死すべき場処をひたすらに想」つた彼女たちにも、彼女たちが遺した言葉にも近代的自我はない。「生命を踏み超えて凍つた精神」であり、蓮田のいふ「詩」である。彼女たちは「言霊の風雅」で「皇神の道義」をあらはし、日本武尊から連なる偉大なる敗北を遂げたのだ。

国語に主語はなくとも、神代より伝はる国語は国風の守護者である。そして、その国語の中核となつてゐるのは、詔と祝詞、そして歌である。やはり保田が鹿持雅澄を引用したやうに「皇神の道義」は「言霊の風雅」にあらはれる。

（『不二』平成二十五年五月号、六月号）

第六章　神韻の音楽——日本の音楽と日本人の感性

世界最古の音楽

ウィリアム・スタージス・ビゲロウは、在りし日の天心岡倉覚三を回想し、天心の「止静と観照の実践法」の序文で次のやうに記してゐる。

ある時、ここのコンサートでベートーヴェンの交響曲を聞いたのちで、「ああ、この音楽だけだよ、西洋が東洋より優れているのは。」と私にいったことがある。（『岡倉天心全集第二巻』、平凡社）

岡倉天心はベートーヴェンの交響曲の第何番を聞いたのだらうか。ビゲロウのこの文からでは判断ができないでゐたが、講談社学術文庫版『茶の本』の解説で桶谷秀昭が記してゐた。

音楽について、天心が最初の渡欧のとき、ベエトオヴェンの第五交響曲を聴いて、「これこそ西洋が東洋にまさる唯一の芸術かもしれぬ」と言つたといふことや、ワアグナアを好んで、演奏会場で自分を感動させる旋律がきこえると、隣のビゲロオの肩を叩いたといふ逸話などが思ひだされる。（岡倉天心著、桶谷秀昭訳『茶の本「解説―憂ひ顔の美の使徒』、講談社学術文庫）

岡倉天心がコンサートで聞いた曲は交響曲第五番で、この曲を聞いた天心は、音楽は東洋よりも西洋が優れてゐるといつたやうである。

先日、私は久しぶりに西洋のクラシック音楽を聴く機会を得た。クラシック・コンサートに行くのは二年半ぶりであつた。そのコンサートのメイン曲はベートーヴェンの交響曲第九番だつた。ベートーヴェンは日本でもよく知られてゐる。交響曲第五や第九は、「運命」とか「歓喜の歌」といふ曲名だと小学生ですらわかるほど有名である。

現在の日本では、西洋の音楽に触れる機会は溢れてゐる。クラシック音楽みたいな堅い音楽は聴かなくても、日本人が歌つたり演奏したりしてゐるポップスやロックなどといつた軽音楽は、聴かうといふ積極な姿勢をとらなくても街中に溢れてゐる。スーパーマーケットなどでもこのやうな西洋音楽がＢＧＭとして流れてゐるので、買ひ物に行つただけでも否応なしに西洋音楽に触れることになる。西洋音楽を聴かないで暮らすといふことの方が難しいほどである。

翻つて日本の伝統音楽はどうだらうか。日本人であるはずの私たちは、日本で暮らしてゐるにもかかはらず、日本の伝統音楽に触れる機会はほとんどないやうな気がする。少なくとも私はスーパーマーケットやデパートなどでＢＧＭとして雅楽など日本の伝統音楽が流れてゐるのを聴いたことはこれまでに一度もない。伝統芸能や神社界などに身を置いてゐれば日本の伝統音楽に触れる機会も多いだらう。しかし、一般的な現代日本人の生活をしてゐれば、日本の伝統音楽を聴く機会はほとんどないといつていい。現代日本に西洋音楽が溢れ、日本の伝統音楽に触れる機会が少ないのは、西洋音楽の方が優れてゐるからなのだらうか。

わが国が、万世一系の天皇を戴く世界最古の君主国であるやうに、現在まで継続してゐる世界最古の音楽は日本の雅楽である。世界最古の音楽は日本の音楽なのだ。雅楽は支那大陸の発祥とされ、大陸や半島から伝来してきた音楽であり、日本だけではなくて朝鮮半島やベトナムなどアジア諸国にも伝来してゐた。しかし、支那、朝鮮、ベトナム、インドなどの国々では雅楽の伝承がすでに中断、または断絶となつてゐるので、残念ながら現在にまでは継承されてゐないやうである。連続性のある伝承は日本のみとなつてゐるのだ。

わが国の音楽の発祥は神代まで遡ることができる。舞は天岩屋戸神話の天宇受賣命であり、楽器は大国主命が須勢理毘賣命を背負ひ須佐之男命から逃れるときに琴を持つてゐた。また、歌は須佐之男命の「八雲立つ出雲八重垣妻籠みに八重垣作るその八重垣を」である。わが先人たちは雅楽が伝来したとき、古来より伝はる音楽を放棄することはなかつた。古来より伝はる音楽を残しながらも、新たに外国から伝来した雅楽も採用するといふ方法をとつたのである。簡単なことのやうに思はれるが、実際に世界の文化を見たとき、多くは新文化の勃興にともなひ、旧文化は廃れていつてゐる。並立させることは稀なのである。

岡倉天心はその日本の特徴を次のやうに指摘してゐる。

アジア文化の史上の富を、その秘蔵の標本に従つて連続的に研究することの出来るのは、ただ日本においてのみである。（中略）日本は、アジア文明の博物館なのである。いな博物館以上のものである。何となれば、この民族の不思議な天才は、古いものを失ふことなしに新しいものを歓迎する生ける不二元《アドヴァイタ》主義の精神において、過去の理想のあらゆる段階に注意するやうに彼を導くからだ。（『内村鑑三／岡倉天心』岡倉天心著、浅野晃訳「東洋の理想」、新学社）

わが国は外国の音楽が伝来しても古来より伝はる音楽を残すことができたため、日本の雅楽は大きく三つに分類することができる。一つ目はわが国古来からの音楽である国風歌舞であり、これには神楽、東歌、倭歌などがある。二つ目は奈良時代に大陸や半島より伝来した大陸系舞楽で、唐楽、高麗楽などである。そして三つ目は平安時代に公卿らがはじめた歌謡で、催馬楽や朗詠などである。これら三つの系統を総称して雅楽と呼んでゐる。

平安時代には、日本に合はない楽曲、楽器、音階などを廃したり日本に合ふやうに改変するなど調整して、外来の舞楽を日本化していつた。仁明天皇の御代からはじまり、約百年かけて行はれた雅楽の大改革は楽制改革と呼ばれてゐる。楽制改革では、まづ大陸伝来の楽曲の峻別が行はれた。外国から伝来した音楽を唐楽と高麗楽に分類し、唐経由の唐楽の舞を左方舞、半島経由の高麗楽の舞を右方舞と定めた。次に楽器の再編成が行はれた。小さすぎる音の楽器や大きすぎる音の楽器、異常に大きくて移動が大変な楽器などは廃して、日本に合ふ楽器編成としたのである。尺八、大篳篥、新羅琴、方響などといつた楽器は廃され、吹物五、弾物三、打物六の十四種類にまで絞り込まれ、現在の雅楽の楽器編成は三管（笙、篳篥、龍笛）二絃（琵琶、筝）三鼓（鞨鼓、太鼓、鉦鼓）が基本となつてゐる。さらに、音楽理論の日本化もなされた。六十種もある唐の音階の調子を六調子に集約し、音名も日本式にしてゐる。この楽制改革で、ほぼ現在の雅楽の形として整へられてゐる。このやうに外来音楽も大幅に改編されてをり、日本の雅楽は大陸系舞楽ですら大陸の雅楽とは異なる、固有の音楽であるといへよう。

岡倉天心は、日本は東洋の文化や美術の終着地であるとし、さらに他の国ではその文化は滅びてしまつたが、日本だけはずつと生き続けてゐるとしてゐる。まさに東洋の音楽も日本が終着地であり、雅楽は日本だけで続いてゐるのだ。わが国では、外国の音楽が流入してきたり国内で新たな音楽が興つたりしても、それ以前の音楽を放棄することはなかつた。古い音楽と新しい音楽、わが国の音楽と外国の音楽が共存してきたのである。だから、明治の御代には西洋音楽をも受容し、それを日本化することができた。現在のＣＤコーナーでは、日本人のポップスやロックが「邦楽」といふジャンルになつてゐる。これは西洋音楽の日本化の表れであらう。そのために、本当の邦楽である伝統音楽は「純邦楽」といふ名称になつてゐる。しかし、その純邦楽ですら先述のやうに外来音楽が含まれてゐるので、本当の意味での純邦楽ではない。このやうに、異国の音楽を受容しそれを日本化してきたので、日本の音楽には多様性と多重性がある。だからこそ、日本音楽は西洋音楽よりも優れてゐると思ふのだが、この多様性と多重性ゆゑに現代日本人にすら理解しにくくなつてをり、簡単に親しむことができない一因になつてゐるのかもしれない。

日本人は大陸伝来の音楽を受容したやうに、西洋音楽も受容することができた。しかし、西洋人が日本の伝統音楽を受容することはできてゐない。この理由は西洋音楽が優れてゐて、日本の伝統音楽が劣つてゐるからではない。また、その逆だからといふわけでもないだらう。音楽の優劣ではなく、日本人と西洋人の感性の違ひによる差ではないだらうか。日本人が西洋音楽を受容できたといふことは、日本人はそれだけ幅広い感性を持つてゐるといふことである。そして、西洋人が日本の伝統音楽を受容できてゐないのは、日本の伝統音楽を受け入れるだけの感性を持つてゐないといふことではないだらうか。日本人は西洋音楽を取り込み、ある程度日本化させた。よつて、現在最広義として使はれる場合の「日本音楽」といふ用語には西洋音楽（十二平均律）も含まれてゐる。この最広義の日本音楽を二つに大別した場合、伝統音楽と西洋音楽といふジャンルになる。それゆゑに、私は先ほどから「日本の伝統音楽」といふ少々煩わしい使ひ方をして「日本音楽」と区別してゐるのである。つまり、今や西洋音楽とは日本音楽の一分野に過ぎないといふことである。

自然を音楽と捉へる感性

日本人と西洋人の感性の違ひは、自然の音をどのやうに捉へるかに表れてゐる。

> 十年ほど前に、スタンフォード大学の教授が私の家に遊びに来ました。秋だったのですが、夕方ご飯を食べていると、網戸の向こうから虫の音が聞こえてきました。その時この教授は、「あのノイズは何だ」と言いました。スタンフォードの教授にとっては虫の音はノイズ、つまり雑音であったのです。
>
> その言葉を聞いた時、私は信州の田舎に住んでいたおばあちゃんが、秋になって虫の音が聞こえ、枯葉が舞い散り始めると、「ああ、もう秋だねえ」と言って、目に涙を浮かべていたのを思い出しました。（藤原正彦『国家の品格』、新潮新書）

藤原正彦はさらに、ラフカディオ・ハーンが「虫の演奏家」で虫の音に対する日本人の感性に触れてゐることを挙げ、日本人は虫の音を音楽として聴いてゐると指摘してゐる。

西洋人は虫の音を雑音と捉へるが、日本人は虫の音を音楽として聴いて、そこにもののあはれを見出すのだ。だから、そもそも日本人と西洋人では音楽に対する認識そのものが違ってゐる。これは、西洋人と日本人の音楽感の大きな違ひだと思ふ。

虫の音などの自然の音を音楽として捉へることが最も表れてゐるのは、神道音楽だらう。雅楽の国風歌舞に分類されてゐる神道歌舞などは、神道音楽に分類されるものだと思ふ。この神道音楽こそが日本人の感性が一番表れてゐる音楽だらう。神道音楽はどこまでを音楽として捉へるかが非常に難しいのだが、最も広い範囲で捉へる場合は、神主が発する祝詞の声や砂利道を歩く玉砂利の音、鳥の鳴き声や川のせせらぎ、衣擦れの音なども音楽として捉へてゐる。おそらく、最も広い範囲の音を音楽として捉へてゐるのは、この神道音楽である。

雅楽の管弦と呼ばれる演奏形態で使用される楽器は三管、三鼓、両絃であり、ここでは三管に注目したい。三管とは笙、篳篥、龍笛のことであり、神社などで耳にしたときに、いかにも雅楽だと感じる音を出してゐるのがこれらの楽器である。笙の音色は天から差し込む光、篳篥は大地にこだまする人々の声、龍笛は天と地の間を縦横無尽に駆け回る竜を表してゐるとされてゐる。自然の音だけでなく、自然そのものをも音楽によつて表してゐるのだ。宮内庁式部職楽部にゐた雅楽演奏家の芝祐靖も三管について次にやうに述べてゐる。

音色を聴けばわかるように、篳篥は人間を含めた地上の動物、笙は天上の動物、笛は龍や鳥、天と地を行き来する、という印象があります。雅楽の三管（笙、篳篥、笛）はミクロコスモス、小さな宇宙を作っているんです（東儀俊美監修『雅楽への招待』、小学館）

雅楽師の東儀秀樹も、この三管は天と地とその間の空間といふ大自然で、宇宙を表してゐるのではないかとしてゐる。雅楽には森羅万象が織り込められてをり、森羅万象に呼応する宇宙の音楽と言はれてゐるゆゑんであらう。日本人はなんと壮大な感性を持つてゐるのだらうか。

現在の西洋音楽では一オクターヴを十二等分した十二平均律で奏でられる楽曲がほとんどとなつてゐるが、雅楽の音階はこの西洋の十二平均律では表現できない音階で構成されてゐる。笙の和音の音色は西洋の十二平均律ではない。だから笙の音色は、西洋的感覚では不協和音なのだが、不協和音には聞こえない。何とも不思議な音色を奏でる。なほ、わが国でも十二平均律の考へ方は考察されてゐたやうだ。元禄五年（一六九二）に和算家の中根元圭が一オクターヴを十二乗根に開くといふ平均律を『律原発揮』といふ書物に著してゐるらしい。

西洋の歌は十二平均律の音階で歌ふが、日本の歌は十二の音階に区切ることなく、うねるやうに吟じたり、披講したりする。歌ふ場合においても西洋は平均律に捉はれてゐるのだが、日本の吟詠や披講は平均律の音階や音程に捉はれてゐない。篳篥の音域は男性が口ずさみやすい音域とほとんど一致してをり、さらに音程が常にゆらいでゐるらしい。人の話す声の音程も常にゆらいでをり、人間の声を表現するには最適の楽器のやうで、この楽器も平均律には捉はれてゐないのである。合理化された西洋音楽はデジタルで、日本の伝統音楽はアナログであると例へるとわかりやすいのではないだらうか。

日本の伝統音楽と西洋音楽

自然界の音は西洋の十二平均律のやうに合理化された音ではないし、その合理化された協和音はほとんど存在しない。つまり、この十二平均律で音階を合理化してあまりにも人工的になつてしまつたがために、西洋音楽では自然を表現することは難しくなつてしまつたのだ。音楽に限らず、西洋の文明、文化は自然に抗ひ、日本は自然をそのまま受け入れるといふ特性を持つてゐるといへる。笙は吹いても吸つても音を奏でることができ、呼吸がそのまま音楽になるといふ特徴を持つてゐることからも、自然をそのまま受け入れる楽器であるといへよう。

科学とは、自然界におけるある一定の規則を法則化したものである。だから科学といふものは自然のほんの一部でしかない。ところが西洋近代の科学主義では、その科学といふほんの一部だけを盲目的に信仰して、法則化できないもの、または法則化できてゐないものを除外してしまふといふ傾向が非常に強い。しかし、自然界のほとんどは法則化できない、または法則が判明してゐないのだ。

平均律に合理化された西洋音楽のオーケストラに、あへて合理化してゐない日本の伝統音楽を取り込んだのが武満徹の「ノヴェンバー・ステップス」である。

僕の『ノヴェンバー・ステップス』を鶴田錦史さんがやる時に、彼女が五線譜の読み方を勉強するというんですよ。僕はその時それはしないでください、とお願いしたの。そんなことをしたら肝心の彼女の音楽が失なわれてしまう。西洋音楽とはぜんぜん違う民族音楽があっていいじゃない。（武満徹、小澤征爾共著『音楽』、新潮文庫）

「ノヴェンバー・ステップス」の初演は小澤征爾が指揮をとり、オーケストラはアメリカで最も伝統あるニューヨーク・フィルハーモニックが演奏した。この練習のとき、琵琶奏者の鶴田錦史が演奏するとニューヨーク・フィルハーモニックスのオーケストラがどつと笑つたさうである。そこで鶴田は五線譜の勉強をしようとしたのだが、武満はそれを止めた。ニューヨーク・フィルハーモニックの奏者は平均化された十二平均律の音階になれてしまつてゐるので、平均化されてゐない琵琶や尺八の音階は何だか間が抜けた音程として聞こえてしまふのだ。

科学と同じやうに、西洋人は合理化されてゐないものに違和感を抱き、排除しようとしてしまふのであらう。しかし、日本人である武満徹はそれを除外しない。合理化されてゐない音楽があつてもいいではないかと指摘してゐる。

オーボエやフルートは洋楽に向いた楽器になつて、洋楽を演奏するには理想的なものになった。だけど、あのように安定した音程を求められた楽器では、広い幅の音程のカーブ（ゆらぎ）が表現しきれなくなる。音と音のあいだの微妙な抑揚の表現に限界が生まれてしまう。雅楽でいう完璧な宇宙表現ができないとすれば、それはある意味「退化」なのかもしれないのだ。（東儀秀樹『雅楽』、集英社新書）

おそらく現在の西洋音楽に慣れ親しんだ私たちは、日本の伝統楽器よりも西洋の楽器の方が進歩した楽器だと捉へてしまふだらう。雅楽は平安時代に完成して、それ以来ほとんど変化してゐない。それを進歩がないと捉へてしまひがちである。しかし、東儀秀樹は雅楽器の不安定さを含めて雅楽は完成されてゐるのだとし、安定した音程を求められた楽器では微妙な音程のゆらぎを表現できないので、それは退化ではないかと指摘する。おそらく、武満徹も同じやうに退化と捉へてゐたのではないだらうか。すくなくとも、西洋の楽器の方が進歩してゐるとは考へてゐなかつた。だからこそ、西洋オーケストラのなかに日本の伝統楽器を盛り込むことを発想したのだらう。

日本の伝統音楽は音程の微妙なゆらぎがあるだけではなく、楽譜には表すことができない間《ま》といふものがある。西洋ではリズムでさへも平均化されて均等なリズムを刻む。しかし、日本の伝統音楽は均等化されたリズムではなく、この楽音と楽音の間の無音の時間である間を聴かせることが重要視されてゐる。

雅楽の演奏には、オーケストラのようなコンダクターがいない。演奏のテンポや間《ま》の取り方など、演奏者の呼吸ひとつで合わされていく。こういうと、非常に曖昧な音楽のように思われるかもしれないが、決してそうではない。曖昧に思えるテンポ感や音程のゆらぎは、ルーズだったり、いいかげんなものではなく、雅楽特有のきっちりとした完成度の高い間《ま》や、ゆらぎであったりするのだ。

すでに存在している間《ま》を表現する……。つまり人間が音楽をコントロールするのではなく、音楽に人間がコントロールされているかのごとく、その間《ま》やゆらぎが演奏されていくのだ。（同）

西洋音楽が拍や音程などを平均化する音楽とするならば、日本の伝統音楽は微妙な音程や微妙な間を重視する音楽である。そして、その微妙な間や音程はいい加減なものではなく、完成度の高いものである。西洋人は科学において自然をコントロールしようとするのと同じやうに、やはり人間が音楽もコントロールしようとするのだらう。しかし、日本では人間が音楽にコントロールされてゐるかのやうであり、それは自然をそのまま受け入れようといふ発想からくるのではないだらうかと思ふ。

「ノヴェンバー・ステップス」は、西洋音楽と日本の伝統音楽の融合といふ評価を受けてゐる。しかし、作曲者の武満徹は「異なつた価値観があるからこそ世界は豊かに成り立つてゐる。ならば邦楽器とオーケストラといふ二つの違ひを際立たせることに意味があるのではないか」と言つてゐる。際立たせるといふことは、西洋音楽と日本の伝統音楽融合ではなくて衝突である。衝突するから邦楽器が際立つのだ。「ノヴェンバー・ステップス」は日本人と西洋人の感性の違ひを巧みに利用した曲なのである。

八割五分以上を占める声楽

日本の伝統音楽では、微妙な音程や微妙な間は、楽譜ではなくて師から弟子へ身体に染み込ませることによつて伝承されてきた。第六十二回神宮式年遷宮を記念して「伊勢神宮式年遷宮特別企画　お伊勢さん」といふ番組が三重テレビで放映され、その番組はＤＶＤとして発売されてゐる。そこでは、東儀秀樹が皇學館大學の雅楽サークルを訪れて稽古の仕方を説明してゐる。雅楽の楽器の稽古は、なかなか楽器に触れることをせずに、膝の上で二拍して次に膝の横を二拍叩くといふ、四拍の拍子をとりながら旋律の音階を発音して、音を身体に染み込ませるのだといふ。音階を声に出して楽器の旋律を口ずさむことを唱歌といふらしく、楽器によつて旋律の発音が決まつてゐる。「越殿楽」の最初の旋律を例に挙げると、篳篥の場合は「チーラーロールロ」であり、龍笛の場合は「トーラーロールロ」と音程名を発するやうだ。笙は和音が漢字一文字で表されてをり、その漢字を発するやうである。そして、楽器を演奏するときも、稽古のときの唱歌の発音をしながら楽器を吹くらしい。

日本音楽の八割五分以上は声楽だといふ。九割以上が声楽だとする書籍もある。自然の音を音楽と捉へ、言葉を重視するといふのが、日本の音楽の特性ではないだらうか。雅楽器の稽古も唱歌をするので、言葉を重視してゐるといへる。漢詩は楽器で伴奏を奏でながら朗詠されるが、和歌の場合は伴奏を奏でないで朗詠する。和歌の朗詠は披講と呼ばれてをり、おそらく伴奏を奏でないためと思ふのだが、音楽の分野には入つてゐない。和歌披講に携はる者は、他の楽曲の音楽性が入り込まないやうに謡曲などは習はないやうにしてゐるらしい。

披講は音楽といふよりも文学の分野になるのかもしれない。しかし、日本人の音楽観を考へる上で、和歌披講は参考になると思ふ。和歌披講は一音一音をゆつくりと丁寧に発音していく。つまり、言葉をとても重視してゐるといふことだ。谷口雅春は子音だけの発音がある英語は不完全な言葉であり、子音には母音がついて音が成り立つ日本語は完全な言葉だとしてゐる。言語学上、それを完全とか不完全とかといふのかどうかは知らないが、日本人にとつては子音だけの発音を不安定に感じるのは確かだと思ふ。和歌披講のやうに、ゆつくりと、丁寧に、のばした発音ができるのは、母音があり安定した音だからであらう。

日本伝統音楽への回帰

かつて「西洋の図」を心に画き、海の向うに蜃気楼のユートピアを夢みて居た時、僕等の胸は希望に充ち、青春の熱意に充ち溢れて居た。だがその蜃気楼が幻滅した今、僕等の住むべき真の家郷は、世界の隅々を探し廻つて、結局やはり祖国の日本より外にはない。しかもその家郷には幻滅した西洋の図が、その拙劣な摸写の形で、汽車を走らし、電車を走らし、至る所に俗悪なビルヂングを建立して居るのである。僕等は一切の物を喪失した。しかしながらまた僕等が伝統の日本人で、まさしく僕等の血管中に、祖先二千余年の歴史が脈搏してゐるといふほど、疑ひのない事実はないのだ。そしてまたその限りに、僕等は何物をも喪失しては居ないのである。（萩原朔太郎『萩原朔太郎』「日本への回帰」、新学社）

現在の日本人も、萩原朔太郎が生きた時代と同じく、心に「西洋の図」を描き、蜃気楼のユートピアを見てゐる。それは政治的にも文化的にもである。そして、音楽分野においてもう蜃気楼のユートピアを見てゐるに違ひない。しかし、萩原朔太郎たちの蜃気楼が幻滅したやうに、現在に生きる日本人にも西洋音楽といふ蜃気楼が幻滅する日がいづれ訪れるであらう。いや、私たちはさうなるやうに促さなければならない。そして現代日本人が目覚めて、私たちの家郷はやはり祖国日本であるといふことに気がついたとき、私たちの前には西洋の俗悪な音楽が溢れてゐるに違ひない。

東儀秀樹は、雅楽に触れる機会が現在ほど多い時代はかつてなかつたといふ。これまでは一部の貴族たちだけしか演奏したり見聞したりする機会がなかつたのだが、現在では大きな神社では一般人も見学することができるだけでなく、お稽古事の一つとして誰でも演奏する機会が与へられてゐるからである。東儀秀樹のこの見解は正しいのかもしれない。私たちの血管には祖先二千余年の歴史が脈搏してゐる。回帰する家郷を失つてはゐないのだ。

たかだか千年や千五百年で人間の奥に持つ感情は変わるはずがない。僕としてはそう信じている。むしろ雅楽が、昔はあったはずなのに今は忘れかけている人間本来の感受性を喚起させるきっかけになればいいとさえ思っている。（東儀秀樹『雅楽』）

人間の奥に持つ感情は、さう簡単には変はらない。それは回帰する家郷を持つてゐるといふことであらう。そして、雅楽がその感情、感受性を喚起するきつかけになればいいと願つてゐる。つまり、東儀秀樹も萩原朔太郎と同じやうに、日本への回帰を訴へてゐるのだ。西洋音楽を受容し、ある程度日本化することには成功してゐるのだから、今さらそれをわざわざ放棄する必要はない。ただ、私たちは祖先から受け継いだ伝統音楽と、大いなる感性をもう一度思ひ起こし、評価し直すことの必要性を感じる。

宮内庁式部職楽部元主席楽長の東儀俊美はインタビューで次のやうに答へてゐる。

私は、明治以降、観客の見方が洋楽ナイズされてきたと思います。舞が揃っているかどうか、音程が狂っていないか、拍子が違わないか、というところに目がいく。四人がぴったり合っていれば、ああ、うまいと思うらしい。そうすると、演じるほうもある程度そのニーズに応《こた》えないといけないと意識するようになる。段々、本来の雅楽のよさとは離れたものになってきます。

昔の名人物語には、あの人の篳篥は音程があっているとか、あの人の笙の拍子が正しいとかいう話は、全然ないんですよ。笙でいえば、真夏の暑い日に、なんとか天皇が笙の名人のなんとかを召す、御前で吹かせる、あたりがすーっと涼しくなったとか、篳篥だと船に乗っていたら、海賊にあった。身ぐるみはがされたけれど、篳篥が残った。それを吹いたら、海賊が改心して、物を返しにきたとか。精神的な面しか出ていません。だからといって、音程なんかどうでもいいというわけではないけれど、精神的な面を感じてほしいと思います。（東儀俊美監修『雅楽への招待』）

現代人の音楽の聴き方が西洋的になつてしまつてゐるといふことは事実であらう。まづは音楽の聴き方から日本への回帰をしていき、西洋音楽への偏向から脱却する必要があるのではないだらうか。とはいへ、いきなり平安時代の音楽などを聴くことは難しいかもしれない。しかし、東儀秀樹が西洋楽器と雅楽器を共演させたＣＤを制作してゐたり、現代版の雅楽として黛敏郎や武満徹が作曲した曲などもある。西洋音楽に慣れ親しみすぎてしまつた現代人には、これらの曲は雅楽そのものを聞くよりも、聴きやすいはずである。つまり、回帰への道はすでに用意されてゐるのだ。

（『不二』平成二十六年五月号、六月号）

第七章　民族の造形——日本美術の精神

色彩認識

白いキャンパスの上に太陽の絵を描かうとするとき、私たちは何も考へることなく赤色を手にとるのではないだらうか。多くの日本人は太陽を赤色で描き出す。ところが、イギリス人、フランス人、ドイツ人、スペイン人などの西欧人、またはアメリカ人にとつての太陽の色は黄色であり、太陽の絵を描くときには黄色で描くやうである。幼児期をアメリカや西欧諸国で暮らすと、日本人であつても太陽を黄色で描くやうになるらしい。しかし、その後帰国すると、赤で描くやうになる。アメリカで暮らしてゐた日本人の幼児が、アメリカで暮らしてゐたころは太陽を黄色で描いてゐたが、日本に帰国して日本で暮らしだすと、太陽を赤で描くやうになつてゐたといふ例を桜井邦朋が挙げてゐる。

今もってふしぎに思えてならないことは、私の子供がアメリカにいた時描いた絵にしばしばでて来た太陽は、黄色で塗ってあったのに、日本にいる今では、赤色で太陽を塗りつぶすという事実である。日本ではそう教えられるから赤く色をつけるのかと思って、時に「お日様の色は」とたずねると、子供の返事はいつも決まって「黄色いよ」とかえってくる。「夕日は」と重ねると、「オレンジ」という。決して赤い太陽とはいわないのに、絵にすると赤く塗り、光芒まで赤い線で示されることになる。（桜井邦朋『「考え方」の風土』、

創文）

この子供は帰国後に太陽の色を訊かれて黄色と答へてゐるので、アメリカでは太陽が黄色に見えて、日本では赤に見えるといふやうに太陽の色の見え方に差があるといふわけではない。実際に日本で太陽を見ても赤には見えない。どちらかといふと黄色つぽい色に見える。日本人は赤と黄の色彩認識が同じで、これらの色の差を区別できてゐないのだらうか。日本人は赤と黄の区別をしてゐないわけではない。むしろ、はつきりと区別して認識してゐる。はつきりと区別してゐるからこそ、交通の信号機は「赤、黄、緑」にしてある。もし、赤と黄の区別ができてゐないのであれば、信号機は交通事故を引き起こす重大な欠陥があることになつてしまふ。赤色と黄色をはつきり区別できるからこそ、信号機の色に使はれてゐると考へる方が妥当であらう。

ちなみに、信号機の緑色のことを「青信号」といひ、「緑信号」とは呼ばない。しかし、実際の色は緑に見える。以前は緑色だつたのだが、現在の信号機の色は正確には青緑色らしい。もしかしたら青色の信号機もあるのかもしれないが、それはほんの一部の例外だ。

緑を青といふのは平安時代以前の名残である。万葉びとたちは青と緑の区別をせず、どちらの色も青と表現してゐた。そもそも、緑とは色をあらはす語でさへもなかつた。本来は瑞々しさをあらはす言葉であり、そこから新芽の色を指す語へと転じてきた。さらに新芽だけでなく、木や森といった自然も「みどり」と呼ぶやうになつた。現在祝日に定められてゐる「みどりの日」は祝日法では「自然にしたしむとともにその恩恵に感謝し、豊かな心をはぐくむ」といふ主旨が記されてをり、みどりの日の「みどり」とは色ではなくて自然のことである。赤ちやんを「みどり児」といふ言ひ方をするが、これは赤ちやんは瑞々しく、あふれる生命力があるからであらう。これらが色を指す以前の「みどり」といふ語の用法である。平安時代以前には現在の緑色も青と表現してゐた。青信号だけでなく、青々とした葉といつたときには、青色の葉ではなく、緑色のいきいきとした葉のことである。青野菜も青色の野菜ではない。なほ、日本だけでなく、支那などの東アジアでも緑色を青と表現してゐたやうである。また、未熟であつたり若くて幼いことを日本語では「青い」といふが、これは瑞々しさをあらはすみどりの意味であり、青と緑の区別をしない表現の名残であらう。時代によつて色の認識は異なる。

時代だけではない。色の認識は地域や民族によつても異なる。現代日本人は虹の色を赤、橙、黄、緑、青、藍、紫の七色であるといふ認識が一般的である。しかし、これはニュートンが発表した色の種類と色数であり、七色としたのには神学上の理由があるとされてゐる。多くの西欧諸国では五色、または六色といふ認識が一般的であり、学校教育ではニュートンは虹を七色としたと教へてゐるやうだ。ニュートンは、基督教の「七」には大きな意味があるので、青色とあまり変はらない藍色をわざわざつけたして七色とした。わが国でも、虹の色が七色に定着する前は、五色と認識されてゐたやうである。

七色の虹といふのは、現在でも国際的に定着してゐるわけではない。アメリカでは現在でも赤、橙、黄、緑、青、紫の六色と認識されてゐるやうである。七色と六色の違ひは藍色の有無であり、たしかに青と藍を区別するのは難しい。明確な境界線があるのならともかく、虹のやうに青色と藍色の間もグラデーションになつてゐて、その部分を青と認識するのか藍と認識するかは感覚に頼るしかない。ちなみに、実際に虹が出てゐるときに色数を数へてみたのだが、四色のやうな気もするし、五色のやうな気もするし、六色にも見えるといつた感じで数へることができず、結局はつきりとはわからなかつた。どこまでが赤でどこからが橙なのか、どこまでが青でどこからが藍、または紫なのか、私には判断ができなかつたからである。このやうに、虹の色の数へ方は国や地域によつて異なる。ショナ語では三色、バサ語の場合には二色だといふ。二色といふのは驚きだが、これには理由があるやうだ。

グリースンによると、たとえばバサ語を話す人々が虹を二色とすることには、立派な納得できる理由がある。現在の進んだ植物学では、ありとあらゆる変化を示す花の色を、二大別して青色系と黄色系に区別する必要を認めている。ところが、このような包括的な概念を表わす適当な語がないので、古典ギリシャ語から新しく cyanic と xanthic という二つの語を作って用いている。実はバサ語で虹の色を二つに分ける hui と ziza という語は、まさにこの xanthic と cyanic という科学用語に相当するものだというのである。（鈴木孝夫『日本語と外国語』、岩波新書）

虹は二色といふ認識が科学用語に相当するといふのでさらに驚いたが、色彩認識はこれほどまでに異なる。これらのことから、七色といふ認識と二色といふ認識の違ひは、光の捉へ方といふ眼の構造によつて実際の見え方が異なるのではなく、文化的背景によつて異なつてゐるといふことができる。

そして、色彩認識の異なりは言語にもあらはれてゐる。ある色の英語を日本語に直訳してしまふと、英語を母国語とする人たちと日本語を母国語とする人たちでは異なる色を認識してゐるときがある。鈴木孝夫はアメリカでの次のやうな体験を述べてゐる。

エイヴィス・レンタカーに電話をして車を頼むと、十分ほどでオレンジ色の小型車が迎えに行くから、すっかり身仕度をして、ホテルの入り口で待っていてくれとのことだった。

私はいつでも飛び出せるようにと、ガラス戸越しに、次々と玄関前に止まっては出て行く車を見守っていたが、約束の十分を大分過ぎても、それらしき車は一向に現われない。二十分近くなったとき、ハッと気がついた。さきほどから、少し離れたところに茶色の車が停まっていて、一人の男がこちらを窺《うかが》うように見ているのだ。これだと思い、駆けよって行くと、果してそれが私のレンタカーだった。長く待たされて見るからに不機嫌そうなその男に、オレンジ色の車が来ると言われていたので判らなかったと言うと、男は平然として、この車は orange だよ、と答えたのである。

途端に私は「あっ、そうだったのか」と、驚くより何とも嬉しかった。またもや英語の隠れた秘密の一つが解けたからである。私の目にはどう見ても茶色としか形容しようのないこの色が、どうも英語では orange の範囲に含まれているらしい。（鈴木孝夫『日本語と外国語』）

鈴木孝夫はこのあとにはアガサ・クリスティの『沢山の時計』で登場する「orange cat」は「オレンジ色の猫」ではなくて、「赤茶色の猫」であると述べてゐる。そして、日本で出版されてゐる英和辞典で「orange」を引いても果物のオレンジ色や橙といつた説明しかないので、「日本人の目には茶色の一種としか見えない色彩も、時には色としての orange に含まれることに注意」といふ説明を加へる必要があるのではないかと指摘してゐる。さらに、フランス語での「黄色い封筒」は日本での茶封筒だといふことも紹介してゐる。

赤い太陽

このやうに、言語によつて色彩の認識の範囲が違ふことがある。信号機の他に、日本人が明確に赤色と黄色の区別をしてゐるもう一例として、太陽と月の色を挙げたい。日本人は太陽の色を赤で描きだし、月の色を黄色で描き出してゐる。赤と黄色の区別がつかなければ、このやうな色の使ひ分けはできない。

赤で描かれてゐるか黄色で描かれてゐるかで太陽か月かを判断することは、日本人同士の場合は共通認識を持つことができるのだが、描いたのが日本人で、観賞者が西欧人やアメリカ人だつた場合は認識がすれ違つてしまふことになる。日本人が黄色で丸を描き、それは満月のつもりでゐても、西欧人やアメリカ人には太陽だと認識されてしまふといふことになる。それでは西欧人やアメリカ人は月を何色で表現するのだらうか。どうやら白で表現するやうだ。たしかに、夜になるまでのまだ明るいときの月の色は白に見える。西欧人やアメリカ人が月を白く描くことを踏まえて夜空に浮かぶ月を見てみると、白く見えなくはないが、やはり月は黄色の方がふさはしいやうに私は思つた。それでも、たしかに中東の国旗を見てみると月は白で表現されてゐるので、やはり月を白で表現する民族や地域もあるのだらう。おそらく、西欧人やアメリカ人が日本の国旗である日の丸を見ても、赤丸が太陽だといふことはわからないだらうし、それを教へても太陽を見ながら、やはり赤よりも黄色に見えると疑問に思ふことだらう。

西欧ではなく東欧地域だが、ヨーロッパではアゼルバイジャン、ウズベキスタン、トルクメニスタンの三ヶ国で国旗に月が描かれてをり、三ヶ国とも月は白で描かれてゐる。中東やアジアではトルコ、シンガポール、パキスタン、モルディブ、マレーシア、ラオス、パラオの国旗に月が描かれてをり、マレーシア以外はやはり白で、マレーシアのみ黄色で描いてゐる。アフリカではアルジェリア、チュニジアが赤で、コモロ、リビアが白、そしてモーリタニアが黄色となつてゐる。なほ、月だけでなく共に星も描かれてゐる国旗が多く、星の色は白が多い。かうして世界中の国旗を見てみると、月や星を描く国旗は多いのだが、太陽を描いてゐるのは日本とバングラディッシュ、ニジェールの三ヶ国しかない。バングラディッシュの国旗の太陽は赤く描かれてをり、これは日本の国旗を参考にしてデザインされたものである。よつて、彼らが太陽を赤で表現するかどうかは国旗からでは判断できない。ニジェールの国旗の太陽は橙色で、赤に近い色だ。

太陽を見たままの色で写実的に描くのであれば、日本人でも赤ではなくて黄色で描くはずである。西欧人が太陽を黄色で描くのは、見たままの色で写実的に描いてゐるのだらう。それでは、日本人が無意識的に太陽を赤色で描く理由は何だらうか。それは、日の出や夕日のときの赤い太陽ではないだらうかと思つた。かう思つたときに私の脳裏に浮かんだ日の出や夕日の太陽の色は赤だつたのだが、実際に日の出や夕日を見てみると、太陽の輪郭部分や周りの空は赤つぽく見えるが、太陽そのものはやはり黄色か白に近い色だつた。現代の日本人が太陽を赤く描く理由は、周りの人たちが太陽は赤であるといふ発言があつたり、多くの赤い太陽の絵を見ることによつて、太陽は赤色であるといふ認識をするのではないかと推測することができる。

日本人が太陽を赤と認識するやうになつたそもそもの理由は、赤の語源ではないだらうか。赤の語源は「明るい」であり、明るい太陽を赤と表現するのは理に適つてゐる。ちなみに、黒の語源は「暗い」である。先ほどのみどりの例を考へても、他民族がどうかは知らないが、日本民族の場合は色そのものよりも、現象から色へと意識が移つていつた語も少なくないやうに思ふ。

とにかく、日本人が描き出す太陽は見たままの太陽の色を描く写実的手法ではなく、明るいといふ太陽の現象を赤で描き出してゐると考へるのが妥当ではないだらうか。つまり、色の認識や描き方は使用言語や民族性が大きく関与してゐるといふことである。平安時代から描かれ出した大和絵を見ても、わが民族は写実的に描写することを避ける傾向がある。すると、太陽を赤で描写することは日本民族の特性であり、日本文化だといへる。白地に赤で太陽を描きだしてゐる日の丸は、まさしくわが国を象徴する、わが民族にふさはしい国旗である。

色の認識一つを例に挙げても、美術には地域性、時代、民族性などが大きく反映してゐることがわかる。すると、わが国の美術作品にはわが国の民族性が反映されてゐるといふことにならう。

神々の姿

人類が民族を形成するにあたり、その中心になつたのは神に対する信仰であらう。だから私は、神を形象化した造形物こそ、その民族の特性が最も反映されてゐると考へる。

現在の欧米社会における神とは唯一絶対神のゴッドであり、ゴッドは不可視である。聖書でも神の声を聞いた者は存在するが、その姿を見たといふ物語はない。ゴッドは見ることができないので、基督教徒はイエスを通してゴッドの存在を確認しようとするのではないだらうか。しかし、ゴッドは偶像崇拝を強く禁じてゐる。旧約聖書の出エジプト記には、造形した金の子牛を神として礼拝してゐることを知つたゴッドはモーセに下山を命じ、ゴッド以外を崇拝した人々にモーセが罰をくだすといふ場面がある。このやうな物語があるにも関はらず、基督教徒の多数を占めるカトリックでは貼りつけになつたイエスの像をつくり、その像を通してゴッドと交流しようとする。聖書で禁じられてゐる偶像崇拝をしてゐるのだ。それはカトリックには三位一体といふ思想があるからだらうが、イエスはゴッドではない。このイエス像の偶像崇拝から、見えない神をかたちにあらはしたいといふ欲求をみてとることができる。それは西洋人だけではなくて、人類共通の欲求ではないだろうか。だからこそ、美術は宗教と深く関はつてゐて、現代アートを除けば、宗教抜きの美術などありえないのだ。日本の神は可視的なご存在なのだらうか。日本の神は現在の欧米社会における唯一絶対神のゴッドとはまつたく違ふので、まづは日本における神とは何かを押さえておきたい。

凡て迦微《カミ》とは、古《イニシヘノ》御典等《ミフミドモ》に見えたる天地の諸《モロモロ》の神たちを始めて、其《ソ》を祀《マツ》れる社に坐《ス》御《ミ》靈《タマ》をも申し、又人はさらにも云《ハ》ず、鳥獣《トリケモノ》木草のたぐひ海山など、其餘何《ソノホカナニ》にまれ、尋常《ヨノツネ》ならずすぐれたる徳《コト》のありて、可畏《カシコ》き物を迦微《カミ》と云なり、【すぐれたるとは、尊《タフト》きこと善《ヨ》きこと、功《イサヲ》しきことなどの、優《スグ》れたるのみを云に非ず、悪《アシ》きも奇《アヤ》しきものなども、よにすぐれて可畏《カシコ》きをば、神と云なり、（本居宣長『古事記傳』「神代一之巻」）

わが国では何かすぐれたものを指して神といひ、見えない神もをられるが、見える神もをられる。別天津神であらせられる天之御中主神、高御産巣日神、神産巣日神、宇摩志阿斯訶備比古遅神、天之常立神などはもともと見えるご存在だつたのかもしれないが、人類または日本民族の祖が生まれたときにはすでに御身を隠し給うてをられるので、見えないご存在と考へるのが本論では適切である。別天津神の次に生まれる神世七代の神々のうち国之常立神、豊雲野神は御身を隠し給うたので見えない。次に生まれる宇比地邇神から伊邪那美神までに、ある程度のかたちがあらはれてきてゐるのではないかと思ふ。神世七代の最後にお生まれになる伊邪那岐神と伊邪那美神は性別もはつきりしてゐることから、姿が見えるご存在と捉へることができる。宣長は鳥獣木草や海山なども神としてをり、これらの神々は明らかに姿が見えるご存在である。

基督教やユダヤ教や回教は唯一絶対神なので、その唯一絶対神が可視か不可視かを考へるだけでいいのだが、わが民族には八百万の神々がをられるので、可視か不可視かを二者択一に考へることはできない。見える神々もをられれば、見えない神々もをられるといふ結論になる。しかし、それでも強引に判断するために神道の原始信仰とされてゐる三輪山を取り上げたい。

大神神社は本殿がなく三輪山そのものがご神体となつてゐる。ならば、神道の原始信仰での神は見えるご存在であつたといへる。ただし、三輪山の信仰は山そのものを神と考へゐたのか、山を通してその向かうに神を見ようとしてゐたのかによつて、大神神社の神は可視なのか不可視なのかが違つてくる。山そのものを神と考へてゐたのであれば見えるご存在なのだが、山を通して山の向かうに神を見ようとしてゐたのであれば見えないご存在といふことになる。

見えるご存在か見えないご存在かは時代によつて変化してゐるのかもしれない。縄文時代には土偶が造形されてゐる。土偶の背後に神を見るといふ説もあるが、土偶そのものを神として考へてゐたといふ説もある。土偶をどう捉へるかは専門家の間でも説が分かれてをり、結論はまだ出てゐない。しかし、土偶そのものを神として考へてゐたといふ説も、縄文時代後期から弥生時代にかけて、徐々にその背後に霊異を帯びた神が存在すると考へるやうに変化し、具体的なかたちを持つてゐた神が抽象化されていき、見えないご存在となつたとされてゐる。だから、どちらの説にしても弥生時代には見えないご存在と考へてゐたといふことには変はりない。前者の説を採用すれば、三輪山の神ははじめから見えないご存在で、山を通して神を考へてゐたといふことになる。後者の説を採用すれば、三輪山は縄文時代には山そのものが神だつたのだが、弥生時代には山を通して神を考へる見えないご存在に変化したと考へることができる。三輪山は弥生時代の代表的な祭祀遺跡として有名で、その祭祀跡からは磐座や樹木を依り代として祭祀が執り行はれてゐたことがわかる。依り代を設けてゐることから、弥生時代には三輪山の神も見えないご存在であると考へる方が適切ではないだらうか。

民族の造形について考へるといふ本論では、縄文時代の信仰ではなく、米づくりを中心とする共同体を形成した弥生時代以降の稲作信仰から可視か不可視かを判断したい。日本民族の信仰は稲作共同体を中心とする神道が主軸となつてゐるからである。

弥生時代以降の稲作信仰は『古事記』や『日本書紀』などの神話の物語から読みとることができる。『古事記』には、大国主命と共に国造りをしてをられた少名毘古那神が常世の国へ渡つてしまはれたあとに海を照らしながら大物主神があらはれ、ご自分を三輪山に祭るやうにおつしやられ、三輪山に祭つたといふ物語がある。すると、三輪山を通して大物主神を拝してゐるといふことなので、三輪山そのものが神といふわけではないことになる。

また、活玉依毘売のもとに夜な夜な通ふ男がをり、活玉依毘売は妊娠なされた。「夫がゐないのにどうして妊娠したのか」といふ両親に、「名前は知りませんが、夜にうるはしい男性が来るので妊娠しました」と答へる。両親はその男の正体をつきとめるために衣服に糸を巻いた針を刺すやうに指示し、活玉依毘売は指示通りに衣服に針を刺した。翌朝、鍵穴から抜けてゐる糸をたどつていくと、三輪山の神の社に着いたといふ三輪山伝説もある。ここではうるはしい男性の姿を見てゐるのだが、これは神が化けた姿であり本来の姿ではないので、神の真の姿は見てをられない。

なほ、『日本書紀』にも三輪山伝説の物語があり、倭迹迹姫命は夫である三輪山の神に「あなたはいつも夜ばかり来るのでお顔がわかりません。明るい朝にお顔を見せてください」と言ふと、三輪山の神は「それでは明日の朝に櫛箱に入つてゐるから驚かないやうに」とお答へになられた。翌朝、倭迹迹姫命が櫛箱のなかを見ると蛇が入つてをられた。三輪山の神の本来の姿は蛇であり、その姿を見た倭迹迹姫命は驚いてしまつた。三輪山の神は恥をかかされたので、倭迹迹姫命にも恥をかかせてやるといつて山に戻つていかれた。倭迹迹姫命は悔ひながら座つたところ、箸で陰部を衝いて薨去なされる。これは神の姿を見ることを戒めてゐる物語なのかもしれない。

神々の形象化

わが民族の信仰では神は見えないご存在であり、または見てはならないご存在であると考へられてゐたやうである。すると、わが民族の最も純粋な造形物は見えない神がご降臨なさる依り代といふことにならう。山や磐座を造形物と捉へるのは無理があるかもしれないが、そこに玉垣をめぐらせて注連縄で囲つたりする靈畤《まつりのには》や、常緑樹などをたてた神籬《ひもろぎ》は造形物といふことができる。依り代を造形した目的は神を礼拝することである。自然のものをなるべく自然のままにしながら人工物を造形するといふ点は、まさにわが民族の特性である。依り代には勾玉、鏡、剣なども多く使用されてゐる。鏡や剣の鋳造方法などは大陸や半島からの伝来であらうが、それを依り代にすることはわが民族の発想と思はれるので、神を祭るための勾玉、鏡、剣も本論ではわが民族の造形物としていい。この時点では神の姿を見ることは禁忌であるといふ意識があつたので、神を具体的に形象化するといふことはまだ行はれてゐなかつた。

そこに仏教が伝来し、欽明天皇十三年（五五二）には百済から仏像が贈呈される。これを見た当時の人々は驚愕したに違ひない。『古事記』によると、舒明天皇は「西蕃《にしのとなりのくにたてまつ》の献れる仏の相貌《かほ》端厳《きらぎら》し。全《もは》ら未だ曾て有らず。礼《ゐやま》ふべきや不《いな》や」とのり給うてをられる。人物の顔がかたちどられてゐて耀く仏像を前に、今までこのやうなものを見たことがないので、礼拝していいものかどうか迷つてをられるのだ。この仏像を目にしたとき、わが民族も日本の神々を形象化したいといふ欲求に駆り立てられたのではないだらうか。わが国の美術作品には仏教的なものが多い。その理由は神を形象化するといふ発想は、そもそも仏教の影響を受けてゐるからであらう。ただし、仏教もはじめは仏を形象化してゐなかつたのだが、ギリシャの神像彫刻の影響で仏像がつくられはじめたらしい。

　神の形象化は仏像を真似た神像からはじまつた。文献における神像の初出は、神仏習合の史料としても有名な「多度神宮寺伽藍縁起幷資財帳」である。そこには「時在人、託神云、我多度神也、吾経久劫作重罪業、受神道報、今冀永為離神身、欲帰依三宝、如是託訖、雖忍数遍、猶弥託云云、於茲満願禅師、神坐山南辺伐掃、造立小堂及神御像、号称多度大菩薩」と記されてゐる。

　多度神が三宝——すはなち仏教に帰依したいと願ひ、神託により満願禅師が神像を造形した。満願禅師にご神託が下つたのは天平宝字七年（七三六）のことである。史料によると、この多度神の神像が最古なのだが、現存してゐないのでどのやうな姿をしてゐたのかはわからない。

　現存する最古の神像は、奈良の薬師寺休ヶ岡八幡宮の三神像、東寺西院八幡の三神像だとされてゐる。薬師寺の三神像は平安前期の寛平年間（八八九〜八九八）に栄紹によつて造形された神像で、少し大きい僧形八幡神像を中心にして、左右に仲津姫命と神功皇后の神像が配置されてゐる。東寺の三神像は僧形八幡神像が一体と女神が二体で、空海が彫つたと伝へられる平安前期の神像である。両八幡ともに僧形八幡神像があり、この像は名称の通り僧侶の姿をしてゐる。そして他の二体については両八幡ともに日本風で、笏をもつた古来の貴族のやうな男性の姿や、髪の長い女性の姿をした神像である。両八幡ともに作者が法師で、多度神の神像の作者は禅師なので、やはり神像を造形するといふ発想は仏像の影響である。

平成二十五年に第六十二回伊勢神宮式年遷宮記念として上野で「国宝　大神社展」が開催された。このときに多くの神像が東京国立博物館の平成館に集つた。それを見物したときに、やはり仏像の影響があるといふ印象を持つた。ただし、仏像をそのまま真似たわけではない。神像のお姿は仏像とは違ひ日本風であり、寺院の仏像は人の目に触れるところだが、神社の神像は人目に触れないところに安置されてゐる。わが民族は神を造形しても直接見ることを避けた傾向がある。

大神社展では神像だけでなく、鏡や絵画も展示されてゐた。鏡はどれも動物や植物などの文様が描かれてをり、その文様は現在のやうに鏡の周辺だけにほどこされてゐるのではなく、鏡全体に描かれてゐる。磨き上げて顔や風景などを映し出す部分にも文様が描かれてゐるのだ。すると、この時代の鏡は現在の鏡のやうに顔などを写し出す目的だとは考へられないし、この鏡ではそのやうな使ひ方はできない。この時代の鏡の目的はたましひを映し出すことだつたのではないかと考へる。古代人は鏡によつてたましひを捉へようとしたのではないだらうか。すると、依り代として鏡を使用してゐたことも納得できる。さう思ふ理由は鏡の語源は影見だからなのだが、影とたましひとの関係は後ほど検証したい。

大神社展では、陽明文庫所蔵の春日鹿曼荼羅図が展示されてゐた。鹿の背には榊が立てられ、さらに榊には鏡がとりつけられてをり、春日神を描いてゐるらしい。展示されてゐた春日鹿曼荼羅図は鎌倉時代に描かれた絵画である。平安時代から鎌倉時代にかけて春日曼荼羅図は多く描かれてをり、展示されてゐた作品以外にも春日鹿曼荼羅図は多く描かれてゐる。春日曼荼羅図は鹿曼荼羅だけでなく、神社を描いた宮曼荼羅や本地垂迹説を絵にした本地垂迹曼荼羅も存在する。宝山寺が所蔵する春日本地垂迹曼荼羅図は仏の姿が描かれ、それに対応する日本の神を衣冠束帯をまとつた人間の姿で描かれてゐる。神の姿を人間の姿で描くこともあるみたいだが、本地垂迹曼荼羅を除く春日曼荼羅図では、神の姿を人間の姿で描くことを避けた傾向が強いと思ふ。

平安時代から鎌倉時代には多くの神道曼荼羅図が描かれてゐるが、神道曼荼羅図では神の本来の姿や人間の姿で描くのではなく、文字や神社の風景、動物などで描いてゐるものが多い。わが民族は仏像伝来により神を形象化したが、それでも神を直接見ないといふ感覚は存在したと思はれる。

神道曼荼羅図だけでなく、絵巻や屏風絵なども神を直接見ることを避ける描き方をしてゐる。これら大和絵を見てゐるといくつかの特徴があり、雲が描かれてゐることがその一つに挙げられる。源氏雲文やすやり霞といはれてゐる手法である。

源氏物語絵巻では屋内の絵にも関はらず雲が描かれてゐる。屋外の風景を描いてゐるのであれば、雲を描いてゐても不思議ではないのだが、屋内を描いてゐる絵に雲がかかつてゐるのは不思議で、現実に屋内に雲が浮かんでゐるとは考へられない。このやうな屋内の雲は源氏物語絵巻だけでなく、他の絵巻にも多い。また、屋外の絵でも低い位置の塀や木や人に雲がかかつてゐる絵巻も多い。洛中洛外図屏風などは洛中洛外を描くといふよりも雲を描いてゐるのではないかと思ふぐらゐに雲がかかつてをり、雲の上の視点から洛中洛外を描いたやうな印象を受ける。それもほとんどの洛中洛外図屏風がさういふ構図になつてゐる。すると、大和絵における雲は写実的に描かれたのではなく、何らかの意図があつて描かれたといふことになる。現在、源氏雲文やすやり霞は、雲の隠れた部分で時間や空間を想像させたり、一つの絵のなかでさまざまな場面を描いてゐる煩雑さを緩和させる役割があるとされてゐる。

たしかに大和絵を見るとそのやうな効果があるやうに思ふのだが、なぜ雲なのかといふことが不思議でならなかつた。蓮田善明は、雲が生命の根元の美しいものをあらはしてゐるやうに感じるとし、さらに次のやうに記してゐる。

神のうるはしいくしびを素直にさして雲といふのである。神をまことに見るとは、決してあの神のことを何も彼も合理的に知りつくしたやうに言ふあの智慧ではない。神をくしびと仰ぐものこそ真に神を知るもの故、皇国人はあの外つ国々の所謂宗教のやうな、あのあらはな龍の図や仏像のやうな、神の描き方はしなかつた。むしろ雲を以て、神のくしびさのみを想ひ見た。（蓮田善明『神韻の文学』「雲の意匠」）

わが民族は雲の向かうに神のうるはしいくしびを感じるのだ。大和絵でも社寺を描くときには社寺に雲がかかつてゐる。また、絵巻物の人物が描かれてゐる箇所を見てみると、人物に雲がかかつてゐて顔が描かれてゐないことがある。神や仏が鎮座なされてをられる社寺などの全景を露《あらは》に描写することを避け、さらに貴人の顔を直接見ることを避ける傾向があるので、絵画では雲をかけることによつて露に描写することを避け、雲の向かう側に神を感じることができるやうにするといふ手法が採られたのではないかと思ふ。神を直接見ないといふ感覚は、神であらせられる天皇のお姿を直接見ないといふ感覚でもあり、そこから貴人の姿も直接見ないといふ発想へと広がつていつたやうな気がする。神のお姿を直接見ないといふ感覚が、雲などを描いて天皇や貴人のお姿、とくにお顔を直接描くことを避けるやうになつたのではないだらうか。

霊魂を描く大和絵

もう一つの特徴は影がないことである。この時代の日本人は影を認識してゐなかつたのだらうか。

其の樹の影、旦日《あさひ》に當《あた》れば、淡道《あはぢ》島に逮《およ》び、夕日に當れば、高安《たかやす》山を越えき。（『古事記』「下巻」）

『古事記』に影のことが記されてゐることから、わが国民が絵画を描き出した平安時代には、すでに影を認識してゐたといふことがわかる。『万葉集』や『古今和歌集』でも影は多く詠まれてゐるので、やはり影を認識してゐないといふことはない。日本語の「かげ」には影の意味だけでなく、光の意味もある。

爾に海神《わたの》の女、豐玉毘賣《とよたまびめ》の從婢《まかだち》、玉器《たまもひ》を持ちて水を酌《く》まむとする時に、井に光《かげ》有りき。（前掲書「上巻」）

この読み下し文だけでなく原文でも漢字は「光」となつてゐるが、「かげ」と訓む。すると、「かげ」には光と影といふ二つの意味が含まれてゐるといふことになる。現在では単独で「かげ」といつた場合は光を指すことはなく、影の意味しか持たない。しかし、『古事記』が語られた時代には光の意味でも使はれてゐたといふことになる。

その名残は現在の用語にもある。もう一度、太陽と月を例に挙げるが、「日陰」と「月影」といふ語がある。日陰とは、物体によつて日の光が遮られてゐる部分のことを指す。ところが、月影といつた場合は月の光によつて遮られて暗くなつた部分ではなく、月の光のことを指してゐる。「日影」とは、本来は日の光を指すのだが、日の光によつてできる日陰のことも指すやうになつてゐる。影は光が当たることによつてできるので、光と影は表裏一体の存在である。

光と影とその中間的な使ひ方を万葉びとはしてゐるので、『万葉集』のなかからその一例を挙げる。

池水に影さへ見えて咲きにほふ馬酔木《あしび》の花を袖に扱入《こき》れな（『日本古典文學体系7』「萬葉集四」四五一二、岩波書店）

大伴家持の歌である。池水に見えてゐるのは、光が当たらないので暗くなつてゐる部分ではなく、水に映つてゐるあしびの花である。何かが見えるといふこと自体が光の反射によるものだから、水面に映るかたちを影といふことは科学的にも理に適つてゐる。水面に映る影は地上にできる影とはちがつて、ある程度の色も投影されてゐる。鏡の語源は影見であることは先ほど触れたが、鏡の発生は水面に投影された姿を見ることだつたのではないだらうか。このことから、影《えい》や御影《みえい》と呼ばれる肖像画が暗い影で描かれるのではなく、色をつけて描かれても不思議ではない。

光と影が表裏一体であると考へると、鏡にうつる影像のかたちは影であり、その本体である原像が光と考へることができる。人間で考へるならば、身体と表裏一体となつてゐるのは霊魂と呼ばれるものであらう。すると、原像が身体であり、影像が霊魂といふことになり、鏡や水面にうつる姿とは霊魂と考へることができる。かう考へると、天照大御神の神鏡奉斎の神勅で、鏡を依り代とすることの意味も納得できる。神鏡を奉斎することにより、私たちは神の霊魂と接してゐるといふことである。

『古今和歌集』に心と影の関係性について詠まれた歌が収録されてゐる。

よるべなみ身をこそとをく《ほ》へだてつれ　心は君が影となりにき（『日本古典文學体系8』「古今和歌集」六一九、岩波書店）

詠みびとしらずの歌である。心は身体を離れて君の影となつたとしてゐる。身と心を対にして、心と影を結びつけてゐる。心が影となつてゐるので、この歌の場合は影は心であるといへる。

絵巻や屏風絵だけでなく、影《えい》と呼ばれる肖像画も影がないといふ特徴がある大和絵である。影《えい》と呼ばれるのに他の絵画と同じやうに影が描かれてゐないのは不思議だが、影《えい》といふ肖像画があることから、影に対する認識はないどころか、強く意識してゐたと考へる方が適切だ。影《えい》の「影」とは光によつてできる暗い部分ではなく、霊魂のことである。

一口に言えば、「影」とは「たましひ」を意味した。日本の肖像画は、その「かたち」、外貌を超えて、「たましひ」、あるいは内面におけるあるものを捉えようとする。「影《えい》」とはそのことの意味で使われているのだろう。だが、そのような意味では、草木虫魚、地水火風、存在するすべてのもの、すべての現象に、「たましひ」あるいは精霊を感じ取っている日本人のアニミズム思想から考えれば、人間の肖像だけでなく、あらゆるものに影をつける必要はないはずである、いや、影をつけることはタブーですらあったろう。（『山本健吉全集第四巻』「いのちとかたち」、講談社）

山本健吉は、影はたましひであると指摘してゐる。わが国の肖像画は外貌ではなくて内面のたましひなどを捉へて描き出さうとするものであり、だから肖像画を影《えい》と呼ぶのだらう。山本健吉は肖像画について論じてゐるのだが、影《えい》と呼ばれる肖像画だけではなく、曼荼羅図や絵巻や屏風絵も含めた大和絵にも当てはまる。

神道曼荼羅図は神のご存在を写実的に人の姿で捉へようとした絵画ではない。神道曼荼羅図のほとんどは、神を人の姿で描いてゐない。人の姿で描かないのは神を直接見ることの禁忌のためだらうが、それでも絵画に描くといふことは、神のたましひを捉へるといふ意味があつたのではないかと思ふ。

以春日曼荼羅、【圖畫社頭之氣色、以是號曼荼羅、近年毎人所持物也、】擬社頭之儀、致供物等種々之儀、尊崇無他、（『増補史料大成第三巻』「花園天皇宸記二」「正中二年十二月廿五日条」、臨川書店）

春日神社の景色などを描いた春日曼荼羅図は多くの人が所有してゐたやうであり、その所有する目的は礼拝することだつたことが『花園天皇宸記』に記されてゐる。春日曼荼羅図だけでなく、他の神道曼荼羅図も礼拝するのが目的だらう。礼拝のための絵画なので、神のお姿を正確に写実的に描き出すといふことよりも、神の霊魂を捉へて描き出すことの方が大切だつたと思ふ。そして、その描き方が絵巻や屏風にも受け継がれていつたのではないだらうか。絵巻や屏風絵などより後の時代に肖像画が描かれるやうになるのだが、礼拝のための肖像画を影《えい》といひ、礼拝のためではない肖像画を似絵といふ。礼拝目的かどうかで肖像画を区別してゐる。

ところが、写実的に描く似絵は平安時代の公家社会では不評だつたらしい。九条兼実『玉葉』の承安三年九月九日条によると、上皇御所の障子絵として高野行幸の様子、女院御所の障子絵として平野行啓、日吉行幸の様子が絵師である常盤光長によつて描かれ、十二月七日条ではその障子絵の公卿の顔だけは藤原隆信が写実的に描いたとされてゐる。そして、その描かれた表情があまりにも原像の顔と似てゐるために描かれた公卿たちは恐れてしまひ、その障子絵は公開されずに秘蔵とされてしまつたことが記されてゐる。

絵のなかに描写するのはたましひだとすると、公卿たちがこの絵を恐れた理由がわかる。写実的に描かれることにより、自らのたましひが身体から離れてしまふと考へてゐたからである。この時代、たましひが身体から離れることは死を意味してゐた。写実的に顔を描く似絵にも影をつけることはなく、絵に描かれる影像は原像のたましひなのである。

人の絵姿を「影《えい》」または「御影《みえい》」というのは、そこに身体から遊離した「たましひ」の所在を認めたからであろう。画像それ自身が「影《えい》」なのだから、日本の画像は「影《かげ》」を描くことがない。言わば「影」に「影」を重ねることは考えなかった。影を描き添えることは、対象から生命が脱けることだつたろう。(『山本健吉全集第四巻』「いのちとかたち」)

大和絵は原像を写実的に描写してゐるのではなく、たましひを捉へて影像として描き出してゐるので、たましひに影をつけるといふことをしなかつたと考へることができる。現在でも幽霊に影をつけるといふ描写はしないといふ感覚はあり、この感覚だらう。影をつけるといふことは、絵に描かれた像が原像であり、絵に描かれた影が影像となる。すると、本来の原像である身体からはたましひが抜けてゐることになり、それは死を意味することになる。

しかし、現在ではたましひを描写するといふ絵画はほとんど見られない。これは明治以降の西洋化が一つの大きな要因になつてゐると思はれる。欧化政策は美術界にまで波及し、政府は西洋技術を取り入れた絵画を学ぶための学校を設立し、たましひを描く絵画ではなく、写実的絵画を至上とした。それでも明治の御代は、岡倉天心やその弟子である横山大観、下村観山、菱田春草、木村武山らが大和絵の精神を守つてゐた。大観らの絵画には影が描かれてゐないし、写実的ではない作品が多い。また、写実的絵画を至上とした政府であるが、西洋一辺倒の政策ではなく、あくまでも西洋の技術を用ゐながら民族の精神を描くことを目的としてゐたと見ていいだらう。音楽なども同じなのだが、明治の西洋化はすべてを西洋化しようといふ西洋一辺倒の動きだけでなく、形式だけは西洋化しても日本精神は固持しようといふ勢力も残つてゐた。けつして西洋一辺倒といふわけではなかつたことは強調しておく必要があるだらう。しかし、美術だけでなく他のほとんどがさうであつたやうに、技術の西洋化とともに精神までもが西洋化して堕落していくことになつてしまふ。

また、神々や歴史が描かれる絵画は、天心の弟子である大観らまでであると思ふ。平成二十五年九月、上野の東京美術館で再興第九十八回院展が開催されたので観覧した。主催は公益財団法人日本美術院であり、天心らによつて創立された、あの日本美術院を再興した組織である。もともとの日本美術院は明治三十一年に天心が東京美術学校を排斥されて辞職したあと、天心に連座して辞職した大観らとともに創立されてゐる。しかし、天心がボストン美術館に迎へられて渡米したときに事実上の解散となつた。天心歿後の大正三年、天心の遺志を引き継がうと弟子の大観らによつて再興され、今年は再興百年である。日本美術院は現在も日本画の組織として有名であり、年に一回「院展」を開催してゐる。しかし、再興第九十八回院展では日本画と呼べる絵画はあまり展示されてゐなかつた。やはり、西洋風絵画になりがちである。再興百年の今年を節目に、日本美術院創設の趣意にたちかへり岡倉天心の精神を再興してもらひたい。

現在の美術界では礼拝のための絵画や歴史画はほとんど描かれなくなつてしまつてゐる。しかし、途絶えてしまつたといふわけではない。絵画ではなく写真になつてしまつたのだが、その精神は今なほ残つてゐる。

天皇陛下のお写真を御真影《ごしんえい》といふ。拝礼するための絵姿を御影《みえい》と呼んでゐたから御真影といふのであらう。写実的に肖像画に描かれるといふことはたましひを描かれるといふことだといふ考へがあつたなら、幕末から明治の御代に西洋近代文明がわが国に流入してきたとき、カメラで写真を撮られるとたましひが抜かれると考へられてゐたことも納得できる。

物故者を偲ぶ写真や肖像画を遺影といふ。葬祭や年祭のとき、遺影を飾ると昇神の儀と降神の儀は不要となる。それは遺影に霊魂が宿つてゐるから招魂する必要がないからであらう。やはり、影は霊魂であると考へられてゐたといふことだ。御真影も遺影も礼拝のための肖像画、写真なので、影《えい》である。

霊魂や心はかたちを持たないので見ることができない。神のご存在も見ることができない。その見ることができないものや現象を形象化して可視化したいといふことから、依り代、神像、絵画などを造形したのではないだらうか。その目的は神を敬ひ、礼拝するためであつた。そのため、絵画では神のお姿を人間の姿で具現化するのではなく、神秘的にしようと雲を描き、たましひを捉へて描き出した。描かれたのはたましひなので、影は不要だつたのである。また、絵に描かれることにより身体からたましひが離れないやうに、写実的に顔を描くことは避けたと考へることができる。


（『不二』平成二十六年九月号、十月号、十一月号）

第八章　王朝のみやびの名残

仲秋の名月

部屋の蛍光灯が切れたので蛍光灯を買ひに近くの家電量販店に向かふ途中、砂場とすべり台しかない公営住宅の小さな公園に、ゴザを敷いて座つてゐる親子がゐた。父親と母親、それに五歳ぐらゐの女の子である。時刻は午後九時ぐらゐだつたと思ふ。こんな時間に一体何をしてゐるのだらうかと思ひながら親子の横を通り過ぎると、女の子が「きれいな月だね」と両親に話しかけてゐるのが聞こえた。

その言葉につられて私も夜空を見上げてみると、高層ビルと高層ビルの間に挟まれた小さな夜空に月が綺麗に輝いてゐた。江戸時代中期の俳人である与謝蕪村は「月天心貧しき町を通りけり」といふ句を詠んでゐる。きつと、江戸時代の貧しい村の夜は月の光が唯一の明かりだつたのだらう。この句を思ひ浮かべながら私は、「月天心眠らぬ街も通りけり」だと思つた。貧しき村の暗闇に光る月の輝きを、残念ながら現代人の私は知らない。しかし、眠らぬ街といはれる新宿の明るい夜空で、人工の光に負けじと輝く月を私は美しいと思つた。きつと、この女の子もそんな月を美しいと感じたのだらう。「お父さん、月を見ながらお団子を食べるとおいしいね。また今度もやらうね」。月を眺める私の耳に、再び女の子の声が聞こえてきた。なんと風流な子供だらうか。まるで、懐かしき昭和三十年代をテーマにした映画かドラマのやうな言葉である。

このときに私はけふが仲秋の名月だといふことに気がついた。仲秋の名月は旧暦八月十五日に月を観賞する風習で十五夜とも呼ばれてをり、平安時代に大陸から伝来してきた風習である。そして、旧暦の九月十三日にも月を観賞する十三夜と呼ばれる風習もあり、こちらは日本固有の風習だ。十五夜も十三夜も月の満ち欠けに生命の循環や生命力を感じて供へ物をささげるといふ農耕社会の習俗だが、十五夜が満月を観賞するのに対して、十三夜は満月になる前の十三夜月である。この十三夜に日本的な考へ方である「未完の完」といふ思想があらはれてゐる。

「すべて、何も皆、ことのとゝのほりたるはあしき事なり。しのこしたるを、さて打（ち）置（き）たるは、面白（く）、生《い》き延《の》ぶるわざなり。内裏《（だいり）》造らるゝにも、必《かなら》ず、作り果《は》てぬ所を残《のこ》す事なり」と、或人申（し）侍（り）しなり。先賢のつくれる内外《（ないげ）》の文にも、章段《（しやうだん）》の缺《か》けたる事のみこそ侍れ。（『日本古典文學大系30』「徒然草」「第八十二段」、岩波書店）

兼好法師は、何事も完成したものはよくない。少し未完にしておくことこそ命を長くする方法であると述べてゐる。

日光に、徳川家康を神格化した東照大権現を祀る東照宮がある。東照大権現といふ名称からは、家康を天照大御神と同列にしようといふ意図が読みとれるので、東照宮は思想的見地からはあまり好きではないのだが、建築物としての美があり、その建築物に日本思想が流れてゐることは認めざるをえない。東照宮の有名な陽明門は魔除けのために十二本の柱のうち一本の柱の模様を逆にして、故意に完璧にしないで未完にしてゐる。兼好法師の『徒然草』にある「未完の美」を表現してゐるのだらう。『徒然草』には、陛下のおはします内裏も完璧にしないといふ者がゐたことが記されてゐる。陽明門はそれに倣つて完璧にしなかつたのかもしれないが、さうだとしてもそれは畏れ多いといふ理由よりも、陛下と家康を同等にしようといふ意図がありさうだ。

月の語源は「尽き」であるといふ説がある。月に生命の循環を感じる日本人は、生命が尽きてしまふのではなく、もつと躍進をするために、完全なる満月ではなく未完である十三夜月を選んだのが十三夜なのではないだらうか。また、満月までもう少しで、満月を待ち望むといふ心境が一番強いのが十三夜なのかもしれない。

大陸から七夕が伝来してくる以前のわが国では、星を怖れてゐたことが『日本書紀』に記されてゐる。では、月も星と同じやうに怖れてゐたのだらうか。『古事記』や『日本書紀』には月神である月讀命《つくよみのみこと》はあまり登場しない。少し後の世の『竹取物語』では、「月の顔見るは、忌むこと」と注意されたかくや姫が、人目を盗んで月を見て泣く場面が存在する。また、平安時代の貴族も直接月を見るのではなくて、池の水面や杯の酒に映る月を見て楽しんでゐた。これらのことから考へれば、直接月を見ることを怖れてゐたのかもしれない。しかし、

『古事記』『日本書紀』より後で『竹取物語』より前に編集された『万葉集』には月を題材として詠んだ歌が多数存在するので、はつきりと結論を出すことはできない。

美しい姫が月に帰つてしまふ『竹取物語』は物語の元祖であり、この『竹取物語』の美観が『源氏物語』や『枕草子』などの王朝文学へと発展していつた。よつて、私は王朝文学とは恋と月の美によつて成り立つみやびではないかと思つてゐる。

家電量販店で買ひ物を終へての帰り道、まだあの親子はゐるのだらうかと思ひながら歩いてゐたのだが、もう公園にはゐなかつた。もう一度夜空を見上げると、明るく狭い夜空に美しく輝く満月が浮かんでゐた。

三日月

絢香の「三日月」といふ曲を聞いてゐると、『万葉集』や『竹取物語』の恋や月が思ひ浮かんでくる。この歌詞のなかに、太古の日本人と同じ感性が現在の日本人にも生きてゐるといふことを強く感じる。「三日月」は月を見ながら恋人を想ひ、恋人を待つてゐる曲であり、その歌詞は女流作家による王朝文学を思はせる。

わが民族は太陽を女性、月を男性と考へてきた。『万葉集』では、夜空を渡つていく月を「月読壮士《つくよみをのこ》」としてゐる。保田與重郎は紫式部の『源氏物語』を「大空をゆく夜毎の月讀壮士のイメージにもとづくのである」としてゐる。王朝の女性たちも絢香と同じやうに、夜空を見上げて、その夜空に浮かぶ月を見ながら男性が来るのを待つてゐたのであらう。そして、その月に手を伸ばして恋人に思ひを届けと願つてゐたのではないだらうか。

『和泉式部日記』にも「三日月」の歌詞のやうな場面がある。

女はまだ端《はし》に月ながめてゐたるほどに人の入《い》り來《く》れば、すだれうちおろしてゐたれば、れいのたびごとに目馴《めな》れてもあらぬ御すがたにて、御なを《(ほ)》しなどのいたうなへ《(え)》たるしもをかしう見《み》ゆ。物もの給はでたゞ御あふぎに文《ふみ》を《(お)》きて、〔宮〕「御つかひの取《と》らで参《まゐ》りにければ」とてさし出《い》でさせ給へり。女もの聞《きこ》えんにもほど遠《とを(ほ)》くてびむなければ、あふぎをさし出《い》でて取《と》りつ。宮ものぼり〔家の内へ〕なむとおぼしたり。せんざいのをかしきなかに歩《あり》かせ給(ひ)て、「人は草葉の露なれや」などの給(ふ)。いとなまめかし。近《ちか》うよらせ給(ひ)て、〔宮〕「こよひはまかりなむよ。誰《たれ》にしのびつるぞと見《み》あらはさんとてなん。あすは物忌《ものいみ》と言《い》ひつれば、なからむ〔自宅に〕もあやしと思(ひ)てなん」とて、歸《かへ》らせたまへば

〔式〕こゝろみに雨もふらなんやどすぎて空《そら》行(く)月のかげやとまると

人の言《い》ふほどよりもこめきてあはれにおぼさる。「あが君《きみ》や」とてしばしのぼらせ給(ひ)て、出《い》でさせ給(ふ)とて

〔宮〕あぢきなく雲ゐの月にさそはれてかげこそ出《い》づれ心《こゝろ》やはゆく

とて返らせ給（ひ）ぬるのち、ありつる御文《ふみ》見れば

〔宮〕我ゆへ《(ゑ)》に月をながむと告《つ》げつればまことかと見に出《い》でて來《き》にけり

とぞある。（『日本古典文學大系20』「和泉式部日記」、岩波書店）

月を眺めてゐる和泉式部に宮様が訪れる。そして、お帰りになる宮様に式部は「雨が降つてくれれば、家を通り過ぎて行く月のやうなあなたが留まつてくれるかも」といふ意味の和歌を詠む。すると宮様は「月に誘はれ帰りますが、私の心はあなたのところに残つてゐます」と詠み、返事をしたのである。和泉式部はこの言葉を支へに、次はいつ逢へるのだらうかと思ひながら宮様を待つのだ。宮様が帰つた後、宮様からの手紙を見ると、「自分を想ひながら月を眺めてゐると告げられたから、本当かどうかを確かめるために出てきたのです」と書かれてゐた。和泉式部は、あなたを想ひながら月を眺めてゐるといふ歌を宮様に贈つてゐたのである。

まさに、「三日月」の歌詞はこの『和泉式部日記』の世界観が展開されてゐる。平安時代の男性は、月とともに女性のもとを去つていくのだ。王朝の女流作家による恋物語は、美しく、そしてあはれである。

『万葉集』にしても『古今和歌集』にしても、歌集の中心となるのは相聞歌である。現在の言葉ではラブソングと呼んでもいいだらう。いつの時代でも女性は、今日は来てくれるだ

らうかと思ひながら恋人を待つてゐる。そして、その思ひを王朝びとたちは歌に詠んだ。現在を生きる絢香は、歌を詠むのではなくて歌を歌つたのである。

天体にロマンを感じてゐたのは洋の東西を問はない。西洋のギリシャ神話からは、夜空の星を見てゐたと推測できる。『古事記』や『日本書紀』など日本の神話に星はほとんど登場しない。『万葉集』には彦星と織姫など七夕の歌は多く掲載されてゐるが、七夕はもともと大陸の文化であり、大陸から伝はる前、わが民族は星を怖れてゐたことが『日本書紀』に記されてゐるのは前述した通りである。

ギリシャ神話は覇権を巡る神々の争ひである。この発想がいまだに受け継がれてゐるので国際社会では紛争が絶えない。ギリシャ神話だけを受け継いでゐるわけではないが、西洋近代はギリシャ神話を一部に内包してゐる。西洋近代の発想の原点の一つは、ギリシャ神話にもあるやうに思ふ。わが民族の神話は西洋のやうな神々の争ひではなく、神々の恋物語である。だからこそ、わが神話は美しく、すばらしい。

花の色は移りにけりな

女優の柴崎コウがＲＵＩといふ名義で発表した「月のしずく」も王朝文学を思はせる曲である。歌詞は次のやうな物語となつてゐる。

以前は美しい調べの恋文をもらつたりもしたのだけれども、時間を経た今では恋人の想ひが冷めてしまひ、恋が終はらうとしてゐる。それでも会ひたいと願ひながら、恋に燃えてゐたころを思ひ出すと哀しみがあふれてきて、思ひ出はまるで消えゆく泡のやうで、夢幻だつたやうに思ふ。私への情熱的な恋も移り変はつてしまつたやうで、私の心は哀しみに暮れてゐる。恋しいといふ言葉も空に吸ひ込まれて彼方へと消えてしまひ、恋人のもとまで届かない。下弦の月夜の下で永遠の愛を願ふ。

　終はらうとしてゐる恋をもう一度といふ願ひを込めた歌であり、さういふ恋の儚さに彩られた歌である。「言ノ葉は月のしずくの恋文《しらべ》」といふ歌詞でこの曲ははじまる。恋文を「しらべ」と読むことから、それは調べであり、歌であつたと推測することができる。『和泉式部日記』や『源氏物語』などの王朝文学を読むと、恋文として歌を贈る場面がある。また、『万葉集』にも恋の歌が数多く収められてをり、恋心を歌にしたためてゐたことがわかる。

　ゆく河の流《なが》れは絶《た》えずして、しかも、もとの水にあらず。淀《よど》みに浮《うか》ぶうたかたは、かつ消《き》えかつ結《むす》びて、久《ひさ》しくとゞまりたる例《ためし》なし。世中《(よのなか)》にある人と栖《(すみか)》と、またかくのごとし。（『日本古典文學大系30』「方丈記」）

冒頭が有名な鴨長明の『方丈記』では、移りゆくものの儚さが語られてゐる。「哀しみは泡沫の夢幻」といふ「月のしずく」の歌詞は鴨長明の無常観を意識したのかもしれない。
また、歌詞には「世に咲き誇った万葉の花は移りにけりな」とある。この「花は移りけりな」は『古今和歌集』にある小野小町の「花の色は移りにけりないたづらにわが身世にふるながめせしまに」がもとになつてゐるのであらう。小野小町は、春の長雨の間に桜の花もすつかり色あせてしまつたやうに、物思ひにふけつてゐる間に自分の美貌もすつかり衰へてしまつたなあと、桜の色と自分の美貌を重ね合はせながら無常を詠んだ。

『万葉集』のころ、花といへば梅のことを指してゐた。しかし、小野小町の歌の花が指してゐるのは桜のことだから、『古今和歌集』のころに花といへば桜を指すやうに変はつてゐたのであらう。現在は花見といへば桜なので、桜を指すと考へていい。古の日本人も春になると花見をしてをり、『万葉集』の時代の花見では梅を見てゐたやうである。それが平安時代あたりから桜を見るやうになつてきた。花が梅から桜へと移り変はつてくるとともに、時代も『万葉集』の時代から『古今集』の時代へと移り変はつていつたといふ見方ができる。歌詞では移りゆくのは「世に咲き誇った万葉の花」なので、万葉的な心から古今的な心へと移つていく時代の哀しみをあらはしてゐるのかもしれない。

『万葉集』以前は、花といへば桜を指してゐた。本居宣長は『古事記』や『日本書紀』に登場する木花《このはな》咲《さく》耶《や》姫《びめ》の名前の「木花」とは、桜花のことであるとしてゐる。王朝文学の無常観は仏教的なのだが、この仏教的無常観が王朝文学に溶け込んだのは、わが国にもこのやうな無常観があつたことが理由だと思ふ。しかし、わが国の思想の根本は無常ではなく、永遠であり無窮である。流れていく水を見て、無常を感じるよりも循環の永遠性を感じたのだ。水は天から降つてきて、地で植物などを育てて天に戻つていく。そして再び雨として天から降つてくる。しかし、川の流れはたしかに、もとの水にあらずである。永遠と無常が矛盾することなく見事に融和してゐるのだ。わが国では永遠性を根本としながらも無常であることも悟つてゐたことが、木花咲耶姫の物語として『古事記』や『日本書紀』に描かれてゐる。

高天原から天降りされた邇邇藝命が妻にお選びになつたのは、不老不死をあらはす姉の磐《いは》長姫《ながひめ》ではなくて、妹の木花咲耶姫であつた。木花咲耶姫は美しいが必ず散つて死を迎へることをあらはしてゐる。わが国は不老不死ではなく、生命の循環に永遠があるのだ。これがわが国の美観である。この木花咲耶姫をお選びになつた物語が、仏教的無常観を融和する土台だつたのだと思ふ。「月のしずく」も恋の無常の儚さを歌ひながら、最後には「永遠に続く愛を……」で締めくくり、永遠性を根本とする無常で、日本の根本思想を歌つてゐる。

（「月刊ＪＩＮＫＥＮ」七十五号、七十六号、八十号）

第九章　百人一首のみやびと藤原定家の精神

『百人一首』成立の歴史的背景

現在、「百人一首」といつた場合、藤原定家卿の『小倉百人一首』を指すことがほとんどである。この『百人一首』を一言で評すならば朝廷の風雅《みやび》の庶民化であり、鎌倉時代から江戸時代にかけての隠遁者たちはこの『百人一首』を通じて朝廷の風雅、尊皇の志を伝へ守つたのである。『百人一首』は藤原定家撰による私撰和歌集であるとされてをり、そこには上皇に対する恋闕といふ定家卿の精神、幕府に対する反発といふ意図が隠されてゐるのではないだらうか。

定家は『百人一首』だけでなく、勅撰和歌集の『新古今和歌集』や『新勅撰和歌集』の撰者としても知られてゐる。『新古今和歌集』は後鳥羽上皇の勅による歌集であり、『新勅撰和歌集』は後堀河天皇の勅による歌集だ。この二つの勅撰集編纂の間には承久の変が起こり、後鳥羽院の朝廷側が敗北して鎌倉幕府側が勝利ををさめてゐる。そして、後鳥羽院、順徳院は配流となり遷御あそばされた。そのため『新勅撰和歌集』には後鳥羽院や順徳院の御製が一首も掲載されてゐない。

定家は『百人秀歌』といふ私撰集も編纂してをり、現在は『百人秀歌』が『百人一首』の原撰本ではないかとされてゐる。『百人秀歌』と『百人一首』の大きな相異点は後鳥羽院と順徳院の御製の有無だ。『百人一首』には後鳥羽院と順徳院の御製が掲載されてゐるが、『百人秀歌』には掲載されてゐない。この理由もやはり、後鳥羽院と順徳院が承久の変に敗れて配流あそばされたために除外しなければならなかつたためであらう。すると、後鳥羽院と順徳院の御製を加へたといふ点が『百人一首』の特徴であり、そこに藤原定家の精神が存在すると考へることができるのではないだらうか。

まづは当時の歴史的背景をごく簡単に確認しておきたい。建久九年（一一九八）、後鳥羽天皇は御位を土御門天皇に譲位して上皇になられ、土御門天皇、順徳天皇、仲恭天皇の御代にわたり院政を敷かれることになる。後鳥羽院は上皇になられてから文芸に力を入れるやうになられ、建仁元年（一二〇一）に和歌所を再興なされてゐる。天皇の御位にあらせられたときの御製はあまりない。そして和歌所に定家や当時は後ろ盾がなく不遇だつた鴨長明などを集めた。同年、後鳥羽上皇は勅撰和歌集編纂の勅をくだされ、定家たちによつて『新古今和歌集』編纂が行はれた。後鳥羽上皇は御自らも撰歌や配置をあそばされたやうである。後鳥羽院は順徳院に、歌は定家に習ふやうにと書簡で助言してをられ、定家卿は順徳天皇の和歌所でも重宝された。

ところが、朝廷側と幕府側の確執から承久三年（一二二一）に承久の変が起こり、朝廷側が敗北する。そのため、後鳥羽院と順徳院は流罪となり、後鳥羽院は隠岐島へ遷幸あそばされることとなり、順徳院は佐渡島へ遷幸あそばされることとなつた。当時、流罪は死罪に次ぐほどの重刑であつた。そして、土御門院は御自ら土佐国へ遷幸あそばされた。このとき、皇位にあらせられた仲恭天皇は鎌倉幕府によつて廃位させられてゐる。それは、後鳥羽院の血統を皇位から除外するためであらう。なほ、仲恭天皇は践祚すら認められなかつたために、追号・諡号がつけられずに明治の御代になるまで九条廃帝や半帝と呼ばれてゐた。歴代天皇で最も在位期間の短い天皇であらせられ、天皇として認められて仲恭天皇と追号されたのはずつと後の明治三年のことである。

仲恭天皇廃位後、後堀川天皇が践祚あそばされる。そして貞永元年（一二三二）、後堀川天皇が『新勅撰和歌集』編纂の勅をくだされ、定家が一人で編纂にあたつた。その後、すぐに後堀川天皇は御位を四条天皇に譲位あそばされ上皇となられ院政を敷かれるが、天福二年（一二三四）に崩御あそばされた。後堀川上皇崩御後も『新勅撰和歌集』編纂事業は継続し、文暦二年（一二三五）に完成して四条天皇に奏上されてゐる。このやうな経緯で編纂されてゐるので、『新勅撰和歌集』では政治的に後鳥羽院と順徳院の御製は除外されてゐるのだらう。

この年、摂政の九条道家が後鳥羽院と順徳院の還京を提案してゐるのだが、北条泰時はこの提案を受け入れなかつたことを定家が『明月記』に記されてゐる。『明月記』には、文暦二年五月二十七日に藤原為家の岳父である宇都宮頼綱の依頼によつて、頼綱の山荘の障子に貼るための色紙として天智天皇から家隆、雅経にいたるまでの歌を撰んだことが記されてゐる。これがのちに『百人一首』となるものである。なほ、藤原為家は定家の子である。そして延応元年（一二三九）、後鳥羽院は崩御あそばされた。仁治三年（一二四二）、四条天皇が若くして崩御あそばされる。そして、後嵯峨天皇が践祚あそばされ、皇位は再び後鳥羽院の血統へと移ることになつた。

このことを考へると、後鳥羽院と順徳院の御製を入れた『百人一首』は仁治三年以前には発表できなかつたので、後鳥羽院と順徳院の御製を除外した『百人秀歌』を編纂し、その後、皇位が後鳥羽院の血統に復したために後鳥羽院、順徳院の御製の入つた『百人一首』が世に出たのかもしれない。しかし、『百人秀歌』も『百人一首』もその成立年は現在もわかつてゐない。その後、後嵯峨上皇の勅によつて建長三年（一二五三）に編纂されたのが『続後撰和歌集』である。『続後撰和歌集』の撰者は為家で、この『続後撰和歌集』には後鳥羽院、順徳院の御製が掲載されてゐる。

配置順の重要性

『百人一首』は巻頭に天智天皇と持統天皇の御製を配置し、巻頭に対応するやうに巻末には後鳥羽院、順徳院の御製を配置してゐる。これは大化改新により朝廷が栄えた時代の天智天皇の御製からはじまり、朝廷の衰微を嘆く順徳院の御製で終はるといふ配置にしてゐるのだ。このやうな配置にしたところに、定家の後鳥羽院、順徳院への恋闕の情と悲しみが表れてゐるのではないだらうか。天智天皇の御代より続いた朝廷を中心とした政治は、後鳥羽院、順徳院の御代の武士の擡頭によつて大きな変貌を遂げていく。

後鳥羽院、土御門院、順徳院此御哥ともはすへて一首も入られす。されはそれをくちをしき事に思ひて、せめても此百首に載られ、爲家卿も父の心さしをつぎて此兩首を續後撰にはえらひ取られけるにや。(『契沖全集第九巻』「百人一首改觀抄　下」、岩波書店)

契沖は、為家は定家の志を継承して、後鳥羽院と順徳院の御製を『続後撰和歌集』に掲載したのであらうと記してゐる。実際に為家が定家の志を継承したのかどうかは不明だが、契沖が『百人一首』における藤原定家のこの志を発見したことは、国文学史上特筆すべきことである。国学はこの契沖によつて開かれたのだ。

巻頭の二首と巻末の二首

『百人一首』の一首目は天智天皇の「秋の田の仮庵の庵の苫をあらみわが衣手は露にぬれつつ」といふ有名な御製である。天智天皇は乙巳の変を断行され大化改新を成し遂げられた天皇であらせられる。皇極天皇四年、皇子であられた天智天皇は、それまで権勢を誇つてゐた蘇我入鹿を誅せられ、豪族中心だつた政治を天皇中心の政治へと改められたのである。さらに、壬申の乱後に一度は天武天皇の血統に移つた皇位は、平安時代になると天智天皇の血統に戻る。さういふこともあつてか、天智天皇は中興の君とされてきた。この御製は田仕事のことを詠まれてゐる。稲を育てる田仕事は天照大御神よりことよさしされた重要なお仕事であり、まさに神勅顕現であり、国体である。この御製はもともとは『万葉集』に収められた「秋田刈る苫手うごくなり白露し置く穂田なしと告げに来ぬらし」といふ歌であり、作者も書かれてゐなかつた。つまり『万葉集』では詠人知らずだつたのだ。それが『後撰和歌集』では天智天皇の御製として『百人一首』に掲載された歌のかたちとなり掲載されてゐる。この経緯から考へると実際には天智天皇の御製ではないかもしれないが、国風の根幹となる田仕事の歌を中興の君であらせられる天智天皇の御製と位置づけたことに大きな意義があらう。そして、天智天皇の御製として『百人一首』の巻頭に配置したところに、わが国風を的確に捉へることのできてゐた藤原定家の精神があるのだ。

契冲はこの御製が巻頭に配置されてゐることについて次のやうに指摘してゐる。

　万乗の位を以て賤きにくたり給ふ御心有時は、万民こと〳〵く歸伏し奉り天下大きに治まる也。天下の治まるはかりめてたき事なし。よりて此御製を巻頭にはおかるゝへし。（前掲書「百人一首改觀抄　上」）

天智天皇の御代は、万民が帰伏して世の中がうまく治まつてゐたので、この御製を巻頭に配置したのだと考へたやうである。

二首目は「春すぎて夏来にけらし白妙の衣ほすてふ天の香具山」といふ持統天皇の御製。この御製も手が加へられてをり、元の御製は『万葉集』にをさめられてゐる「春過ぎて夏来たるらし白たへの衣ほしたり天の香具山」である。『万葉集』と『百人一首』の違ひから、天皇のをられる場所が違ふといふことが推測される。『万葉集』の御製の場合、持統天皇は香具山に衣が干してあることを直接ご覧あそばされてゐる。陛下は宮中の外か、外に近い場所にをられる。一方、『百人一首』の方の御製の場合は、衣が干してあるといふのは伝聞であり、持統天皇が衣が干してある風景を直接ご覧あそばされたといふわけではない。『万葉集』の時代には陛下は宮中の外にもお出ましになられたが、定家のころには宮中深くでお過ごしあそばれてゐたといふ時代背景からこのやうな改変がなされたのかもしれない。また、歌の調べとしても違ひがわかりやすいので、万葉ぶりの歌と新古今調の歌の比較に適した御製だと思ふ。『百人一首』の方が流れるやうな調べとなつてゐる。

この違ひを知つたとき、私は御製を変へるのは不敬ではないかといふ疑問を持つた。しかし、本居宣長は手が加へられてゐる『百人一首』の方の御製を評価してゐる。一方、宣長の師である賀茂眞淵は『万葉集』の方を評価してゐる。その理由は、眞淵は『万葉集』の研究者であり、宣長は『万葉集』よりも『新古今和歌集』の方を好んだからではないだらうか。

定家は『新古今和歌集』の撰者の一人であるといふことを考慮すれば、眞淵と宣長の評価の違ひは、『万葉集』を好むか『新古今集』を好むかといふ違ひだ。とにかく、御製の改変については契冲も宣長も不敬だといふ指摘はしてゐない。

一首目に天智天皇、二首目に持統天皇の御製が配置されてゐる理由を契冲は次のやうに記してゐる。

右二首上古の治まれる世のみかとの御哥を初におかる女帝の御哥を第二におかれたるは陰陽の理をふくめるにや（同）

ただ、私は陰陽といふよりも、天智天皇と持統天皇は親子であり、巻末の鳥羽天皇、順徳天皇といふ親子の関係と対にしてゐるのではないかと考へてゐる。

九十九首目は後鳥羽院の「人も惜し人も恨めしあぢきなく世を思ふゆゑにもの思ふ身は」で、思ふやうにならない治世を嘆いた御製である。この御製が詠まれたのは建暦二年（一二一二）で、承久の変よりも九年も前のことである。治天の君であらせられながらもこのやうな歎きの御製を詠まれたのは、鎌倉幕府の存在に危機感を抱かれてゐたからではないだらうか。

最後となる百首目は順徳院の御製「ももしきや古き軒端のしのぶにもなほあまりある昔な

りけり」である。順徳院は天皇親政が行はれてゐた古を慕ひ、現在の朝廷の衰微をお嘆きになられてをられる。順徳院が憧憬した古き軒端とは、天智天皇、持統天皇の御代なのかもしれない。少なくとも、定家はさう感じたから巻頭に天智天皇、持統天皇の御製を配置し、巻末に後鳥羽天皇、順徳天皇の御製を配置したのではないだらうか。

順徳院のこの御製も承久の変より五年前に詠まれた御製である。このときもすでに武士が擡頭してゐたのだが、承久の変後はさらに武士が勢力を強めることになる。定家がこの御製を百首目として撰んだのは、武士勢力の強化に伴ふ朝廷の衰微を嘆いたからであらう。承久の変後、幕府は上皇たちを流罪とし、畏れ多くも皇位継承にまで介入して仲恭天皇を廃位し、四条天皇を奉戴したのである。

その後、武士政権の時代が長く続くことになるが、朝廷または朝廷の風雅が断絶したといふわけではない。後鳥羽院は流刑地の隠岐で『新古今和歌集』の改訂作業に取りかかり、これは現在「隠岐本」と呼ばれてゐる。配流先の隠岐でも歌御会を開催して、朝廷の風雅である言霊の風雅を恢弘しようとしたのである。保田與重郎は、松尾芭蕉へと引き継がれるこの精神を「後鳥羽院以後隠遁詩人」といふ言葉で表現した。幕府が勢力を持つてゐた時代に、朝廷の風雅は隠者たちの間で引き継がれて守られてきたのだ。それが江戸時代まで隠者たちの間で守られ、『百人一首』はカルタとして庶民に親しまれるやうになり、つひに契沖によつて藤原定家の精神が明らかにされたのである。

来ぬ人を待つ定家の慟哭

藤原定家自身の歌は九十七首目に配置してゐる。「来ぬ人をまつほの浦の夕なぎに焼くや藻塩の身もこがれつつ」。この歌は一般的に、訪ねて来ない恋人を身もこがれる想ひで待ち続ける女性の立場で定家が詠んだと解説されてゐる。この歌だけを見たならば、その解説は正しい。しかし私は、来ぬ人とは訪ねて来ない恋人ではなく、後鳥羽院と順徳院ではないだらうかと思ふ。定家が後鳥羽院と順徳院のご還幸を願つた歌であり、再び天皇親政に戻つてほしいといふ思ひを込めてゐるのだと解釈する。すなはち、もう一度朝廷が栄えることを恋こがれながら待つてゐるといふ恋闕の歌といふことである。すると、夕なぎに来ぬ人を待つとは、承久の変の戦後処理が終はつた後に、還幸なされない後鳥羽院、順徳院のご還幸をそれでも待つといふ意味になる。これが『百人一首』に込めた藤原定家の精神であらう。

『百人一首』の他の歌も藤原定家の精神で解釈することができる。ここでは七十七首目の崇徳院の御製「瀬をはやみ岩にせかるる滝川のわれても末にあはむとぞ思ふ」を例に挙げて本論の末尾としたい。川瀬の流れがはやいので、岩にせきとめられた川の流れが一度は分かれてもまた一つになるやうに、別れた恋人ともう一度逢はうといふ歌意である。崇徳院は皇位継承をめぐり弟君の後白河天皇との深まつた溝を埋めることができず、つひに保元の乱となつた。そして崇徳院は保元の乱で敗北して配流となり、讃岐に還幸あそばされた。崇徳院がもう一度逢ひたいと思つてゐたのは恋人ではなく、弟君の後白河天皇だつたのかもしれない。しかしそれは叶はず、崇徳院は悲しみのうちに讃岐で崩御あそばされた。藤原定家も後鳥羽院、順徳院のご還幸を願つたのだがそれは叶ふことなく、院は配流先で崩御あそばされてゐる。崇徳院の御製は後鳥羽院・順徳院と定家の関係性に当てはめることもできるのだ。

『百人一首』は、まさしく藤原定家の後鳥羽院、順徳院に対する恋闕の情が込められた、悲しくもみやびなる慟哭の私撰和歌集なのである。

（「青年運動」九百七十五号、九百七十六号）

第十章　大和紀行

日本人の旅心

六月二十二日から二十三日にかけて、不二歌道会京阪神奈合同歌会吟行「大和義挙　天忠組終焉の地を訪ねる」が催された。私がこの催しへの誘ひを受けたのは、四月二十九日の「昭和の日を祝う集い」の懇親会の場だつた。不二歌道会の福永武代表より、今年は天忠組義挙百五十年の年で、御所市の市議会議員である杉本延博さんが催しを企画してゐるから参加しないかと誘はれ、是非とも参加したいと答へた。

今年（平成二十五年）は二十七日が土曜日だつたためにその日からとなつた企業が多かつたと思ふが、通常の黄金週間は四月二十九日の昭和の日からはじまる。そして多くの日本人は、この昭和の日から里帰りをしたり海外に行つたりと、いつもの週末の休日より遠出の旅行をする。

昭和の御代を振り返つた時、大東亜戦争は歴史に刻まれる大きな出来事であり、その戦闘での敗北は日本民族に大きな傷を残したことは間違ひない。そして、その日本民族の大きな傷を癒したのは、他ならぬ昭和天皇のご巡幸であつたも忘れてはならない事実であり、わが国が天皇を戴く国であることの僥倖をうかがひ知ることができる一大事である。

行幸や日本人にとつての旅とは、単なる観光ではない。その土地の歴史などを深く身体に刻み込ませるといふ大きな意義を持つてゐる。行幸は、民の暮らしを知ろしめし、民の声を聞こしめすといふ国見の目的もある。そして日本人にとつての旅とは、松尾芭蕉が奥の細道の旅でその土地の歴史を追体験し、その悲しみさへもわがものとしたやうに、その土地の歴史を深く噛みしめるものでもあるのだ。だから、多くの日本人が旅をする黄金週間のはじまりが昭和の日であるといふことに大きな意義を感じてをり、その日に吟行の誘ひを受けたことに私は意味を見出す。

保田與重郎先生は『戴冠詩人の御一人者』で、日本人の旅心には西南へゆくうれしさと東北へゆくかなしさの二つがあり、冒険を愛する西洋人に対して日本人は歌を愛するといつた主旨のことを記してゐる。だから吟行は、日本人の旅心のあらはれだと思つてゐる。

天忠組の史跡

六月二十二日、その企画である「不二歌道会京阪神奈合同歌会吟行」が行はれ、初国の地、大和を訪れた。東京からは福永代表をはじめ四名が参加。朝六時過ぎの新幹線で東京駅から新大阪駅へと向かつた。新大阪駅でマイクロバスで待つ京阪神奈の皆さんと合流し、次の合流地点である榛原駅へ移動。車内ではまづ自己紹介を行ひ、次に天忠組に関する資料が配られ、影山正治大東塾塾長の『千里行脚』や京阪神奈の活動写真などが回覧された。榛原駅では三名が合流し、総勢二十二名を乗せたバスは東吉野へと向かふ。

最初に訪れたのは吉村寅太郎終焉の地。入口には「天誅組終焉之地」と刻まれた大きな石碑が建てられてゐる。川を渡る橋の横には「吉村寅太郎原瘞処《げんえい》」と刻まれた石碑がある。橋を渡ると広場になつてをり、広場の奥には残念岩といふ大きな岩がある。この岩の下に吉村寅太郎原瘞の碑が建つてゐる。金屋健吉の銃弾を受けた吉村寅太郎はこの岩の下で最期を遂げ、村人の手によつて岩の根元に埋葬され、この碑が建てられた。明治二十九年にご遺体が明治谷墓地へ改葬された後は吉村寅太郎を偲ぶ祈念碑となつてゐることが、車内で配られた資料のパンフレットに記されてゐる。

おそらく、ほとんど陽が射すことのないと思はれるこの祈念碑には苔が生《む》してをり、より神秘的な印象を与へる。また、この広場全体も何か神秘的な雰囲気で覆はれてゐる。この祈念碑の前で、遺詠奉詠や祭文奏上など、慰霊祭を厳かに執り行つた。

広場には吉村寅太郎の遺詠「吉野山風にみだるるもみぢ葉は我が打つ太刀の血煙と見よ」が刻まれた石碑や顕彰碑などがいくつか建てられてゐた。この場所を発つ前、入口の「天誅組終焉之地」の石碑前で集合写真を撮ろうとしてゐるところ、一台の乗用車が通りかかり、私たちの前で停車した。その乗用車から地元の人と思はれる一人の女性が降りてきて「私が撮りませう」と集合写真を撮つてくれた。その女性は「わざわざこのやうなところまでありがたうございます」と言ひ、車に乗り発車した。この女性の親切な対応から、地元住民がいかに天忠組に誇りを持ち、そして親しみを持つてゐるかを感じとることができた。

次は明治谷墓地に向かふ。マイクロバスで途中まで移動し、宍戸弥四郎戦死の地付近でバスから降りて、明治谷墓地までの道のりを天忠組の史跡をめぐりながら歩く。この辺りが激戦の地となつた場所であり、数メートルおきごとに天忠組に関する石碑や看板がある。史跡を見ながら歩いてゐると、地元住民のおばあちゃんたちが話しかけてくる。やはり天忠組を誇らしく思つてゐるやうだ。途中には、天忠義士の菩提寺である宝泉寺があり、その寺の向かひには「天誅義士記念」と刻まれた高い記念碑が建てられてある。

明治谷墓地には、吉村寅太郎、西田仁兵衛、天保高殿、那須信吾、宍戸弥四郎、鍋島米之助、林豹吉郎、植村定七、山下佐吉の九名が祀られてゐる。墓地に献花して参拝した。その後はマイクロバスで湯ノ谷墓地へと向かふ。湯ノ谷墓地には村上万吉、藤本鉄石、森下幾馬、森下儀之助、福浦元吉、松本奎堂の六名が祀られてゐる。

天忠組の史跡めぐりを終へて東吉野を出発。次は桜井へと向かふ。次の目的地である保田與重郎邸に着くまでが歌の提出期限となつてゐたので、バスの中では皆歌の推敲を重ねてゐた。

初国の大和

保田先生の生家前はマイクロバスが通れない細い通りだといふことで、近くにバスを停めて歩いて保田邸へと向かつた。大きな保田邸の外観だけでも見応へがあり、家の前には「保田與重郎生誕地」と刻まれた石碑が建つてゐる。保田先生の生誕百年を記念して、風日社によつて建てられたものだ。保田節さんのご好意により邸中にお邪魔させていただき、おもてなしを受けた。邸中に中庭があるといふ家の広さにも驚くのだが、家そのものが芸術になつてゐるやうに感じた。桜井といふこの土地の、この家に生まれ育つたことが、保田先生のあの感性を形成したのだらうと思ひながら、感慨深く邸内を見学した。

余談だが、現在私は保田先生が月刊ポピーの付録として執筆した「神武天皇」「日本武尊」「聖徳太子」「万葉集物語」の四部作を一冊にまとめた『ふるさとなる大和』を刊行するといふ編集作業を進めてゐる。ロマノ・ヴルピッタ先生を通して保田家の了承を得ることができたのだが、現在はヴルピッタ先生がイタリアに帰国してゐるために、保田家との連絡がとれなくなつてしまつてゐた。だから今回、保田節さんと直接お会ひして挨拶することができたことをありがたく思つた。

このときに、保田節さんから「山田さんからもご連絡がありました」と聞いた。その書籍のカバー装画を山田尚公さんにお願ひしてゐる。棟方志功先生のやうな絵を描ける人を探してゐたところ、小石川大神宮の神屋善四郎さんから、それならば山田さんがふさはしいのではないかと教へていただいたのがご縁だ。私は山田さんが保田家とつながりがあることなど知らずに依頼したのだが、まさにご神慮だと思つた次第である。

保田邸をあとにした私たちは次に等彌《とみ》神社を訪れ、談山神社の長岡千尋宮司も合流し、正式参拝を行つた。等彌神社が接する鳥見山は、神武天皇が「申大孝（親の教へに従うたことをかへりごと申し上げた）」とされる山である。神社の入り口には保田先生揮毫による「申大孝」の石碑が建てられてゐる。また、境内には佐藤春夫や堀口大学らの句碑や歌碑、そして万葉歌碑なども建てられてゐる。そして、境内から鳥見山に登れば霊時跡があるやうだが、今回は登らなかつた。

参拝後、社務所で歌会を開催。歌会に先立ち国民儀礼を行つた。すでに予定時間を大幅に遅れてゐるので、歌会は急いで進行されたが、それでも一時間以上かけて行つた。

歌会終了後は等彌神社の佐藤高静宮司も加はり、本日最後の目的地である橿原神宮近くの好生旅館へと向かふ。マイクロバスのなかでは佐藤宮司から、等彌神社が神武天皇が大孝を述べ給うた場所であることの地に認定されるまでの経緯などの説明があつた。

好生旅館では直会を行つた。軍歌や戦時歌謡、唱歌などを合唱したりしつつ歓談し、道友との親睦を深め合つた。佐藤宮司は大東会館学生寮の寮生だつたさうで、寮生時代の思ひ出話で盛り上がつた。そして佐藤宮司の提案により、皆で輪になり大東塾恒例の「靴が鳴る」を合唱して中締めとなつた。

山の辺の道

二日目の二十三日は橿原神宮への正式参拝からはじまった。その後、神武天皇御陵、綏靖天皇御陵を参拝。橿原神宮と神武天皇御陵には何度がお参りしたことがあるのだが、綏靖天皇御陵へのお参りは初めてだつた。その後は大神《おほみわ》神社に参拝。拝殿前に夏越しの茅の輪が備へられてゐたので、茅の輪をくぐる。大神神社にも以前にお参りしたことがあり、そのときは三輪山に登らなかつたので、今回こそは登りたかつた。しかし、往復で二時間以上かかるといふので、今回も登山はあきらめることになつた。そして、大神神社の北東に鎮座なされてゐる狭井神社へと向かふ。ここには、『豊饒の海第二巻奔馬』を書くために大神神社を訪れた三島由紀夫が揮毫した「清明」の碑が建立されてゐる。狭井神社で三輪山から湧き出てゐる御神水を飲んだので、今年も健康に過ごせるだらう。

次に狭井神社から山の辺の道を歩いて檜原神社を経過して巻向を目指した。別動隊はバスで巻向に先回りする。万葉びとが歩いた山の辺の道を、現代に生きる私たちも同じやうに歩く。ここに日本の思想があると私は思つてゐる。いにしへびとが歩いた道を踏みしめながら歌を詠むことが、言霊の風雅をあらはし皇神の道をゆくことなのだと思ふのだ。山の辺の道には万葉歌碑が建立されてゐる。大神神社から山の辺の道を歩いて最初に見つけたのは、狭井川の近くにある「狭井河よ雲立ちわたり畝火山木の葉騒ぎぬ風吹かむとす」といふ伊須気余理比賣の歌碑。「万葉歌碑めぐりロマンラリー」と記されてゐるが、この歌は『万葉集』ではなくて『古事記』に登場する歌である。次の歌碑は額田王の歌が万葉仮名で刻まれてゐる。

味酒三輪の山あをによし奈良の山の山際にい隠るまで道の隈い積もるまでにつばらにも見つつ行かむをしばしばも見放けむ山を情なく雲の隠さふべしや

反歌

三輪山をしかも隠すか雲だにも心あらなむ隠さふべしや

そこから少し歩くと雲行きが怪しくなつてきて、ぽつりぽつりと小雨が降つてきたので少し先を急ぐ。次に見つけたのは「山吹きの立ちしげみたる山清水酌みに行かめど道の知らなく」といふ高市皇子の歌碑。小さい歌碑で、影で薄暗くなつてゐる場所にあつた。檜原神社の手前には、柿本人麻呂の「古の人の植ゑけむ杉が枝に霞たなびく春は来ぬらし」といふ歌碑が建立されてゐた。

檜原神社を参拝すると雨が本格的に降つてきた。檜原神社で一休みしてゐると、別動隊のマイクロバスが檜原神社まで迎へに来てくれたので、山の辺の道を歩くのはここで終了となつた。

奈良県はまさに記紀万葉の世界が広がつてをり、浪曼に溢れてゐる。特に大和三山が見える風景は、懐かしいふるさとといふ印象を持つた。今、『万葉集』の精神を確認することは大いに意義があることだと思ふ。鹿持雅澄は『万葉集古義』で、外国風の思想や政治から脱却して日本古来の精神を取り戻すには「一ツには皇神の道義をあきらめ、一ツには言霊の風雅にした」ふために『万葉集』を学ぶことだとしてゐる。保田先生はこの鹿持雅澄の言葉を用ゐて「皇神の道義は言霊の風雅に現はれる」と『万葉集の精神』を書き出してゐる。

外国からは主権侵犯が続き、国内では生活や精神の欧米化が定着してゐるといふ内憂外患の今日、『万葉集』を学び日本の国風を取り戻す必要がある。天忠組の史跡をめぐり、山の辺の道を歩き、そして歌を詠むといふことは、皇神の道義を言霊の風雅で現はすといふことである。

天忠組の吉村寅太郎と那須信吾は、土佐勤王党に加盟してゐた。その土佐勤王党を結成した武市瑞山の叔父は鹿持雅澄である。鹿持雅澄の精神は武市瑞山を通じて、吉村寅太郎や那須信吾ら天忠組にも受け継がれてゐたのではないだらうか。今回の吟行は、様々な時代と人物が交差し、関係し合つてゐるといふことが実感できた大変意義深い旅であつた。

（『不二』平成二十五年七月号）

荒岩宏奨（あらいは　ひろまさ）

昭和56年生まれ。広島大学教育学部卒業。プログラマー、雑誌編集者を経て、平成21年株式会社展転社に入社し、現在編集長。
新嘗を祝ふ集ひ実行委員長。特定非営利活動法人日本人権擁護協会「月刊ＪＩＮＫＥＮ」編集長。紀元節奉祝式典実行委員。國體政治研究會幹事。原爆慰霊碑を正す会世話人。

国風《くにぶり》のみやび
国体の明徴と天業の恢弘

平成二十七年十一月二十三日　第一刷発行

著　者　荒岩　宏奨
発行人　藤本　隆之
発　行　展　転　社

〒157-0061　東京都世田谷区北烏山4-20-10
TEL　〇三（五三一四）九四七〇
FAX　〇三（五三一四）九四八〇
振替〇〇一四〇―六―七九九九二

印刷　中央精版印刷

ISBN978-4-88656-422-1